ひきつりながら読む精神世界

間抜けな宇宙の支配者たち

〇||⊔⊏⊏⊔⊓⊎|||⊐⌐|⊔⊐||〇

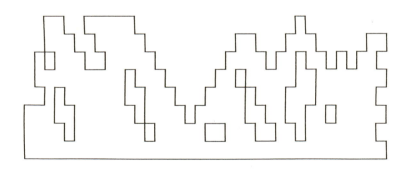

無明庵 EO

精神世界は馬鹿ばかり

まえがき

本書は、笑えぬ冗談を笑う本です。
ＥＯ氏の前著『廃墟のブッダたち』の原文の手記には、
こうした無数の脱線した小話が文書の途中に含まれていました。

しかしながら、前作では本質のみのエッセンスを伝えるという目的の為に、
こうした雑話を除外しなければなりませんでした。
そこで今回は、師の砕けた口調の異質な側面を含むこれらの文書を編集しました。

ここでもまた師は徹底的に、通俗的な常識に彩られたオカルトや宗教はもとより、
私達の一般的社会における『無意識的強迫観念の盲点』を
見事に浮き彫りにしています。
さらには、いわゆる俗世間とは別格に「精神世界」と命名された
さまざまな分野に属するような盲信的宗教、心霊治療、伝統的神学、
そして異星人問題などは、本書では人間の退屈と恐怖心と、
幼稚な知性の産物として『精神世間(せいしんせけん)』と定義されており、
いかにそれらが愚かさに満ちているかを指摘してゆく。

目次を見ればおわかりのように、本書は通俗的な精神世界と宗教信仰の盲点の
ほとんどすべてをひたすら小馬鹿にしてゆくものです。
ただしその根底には、徹底した反論不可能な論理が通っており、
本書に反論出来る人類は皆無とすら言えるかもしれない。
そして本書を読んだ人々のほとんどは、手持ちの精神世界書籍を
古本屋へと処分する結果となったと言う話を多く聞きました。
『廃墟のブッダたち』は多少毒舌的口調ではあるが、まじめ臭いものであった。
しかし本作は、思い切って砕けた話題と口調で構成されている。
それによって、本書の毒舌は、まさに留まるところを知らない展開をする・・・。
これらを単に「行儀の悪い皮肉文書」とみなすか、
あるいは、これをまたひとつの『深遠な法話』として見なすかは、
読者の方々の判断にお任せしたいと思うものである。

『ひきつりながら読む精神世界』
笑えぬ精神世界を笑い飛ばす本
＊＊＊　精神世界は馬鹿ばかり　＊＊＊

◆　目　次　◆

第1章／間抜けな超能力者たち

念力男は、結局、こうなってしまう………………………………………10

不老不死だと、結局、こうなってしまう…………………………………10

動物や他人とテレパシーが通じると、結局、こうなってしまう………11

地震が予知出来ても、結局、こうなってしまう…………………………14

的中率100％の予言者は、結局、こうなってしまう……………………16

英雄きどりの牧師は、地獄へ行って、結局、こうなってしまう………19

さらに加えて・・・直感に頼っても、こうなってしまう……………………25

奇跡の治療師は、結局、こうなってしまう………………………………30

第2章／宇宙編・異次元編

盲信的宗教信者とその絶対者の概念を全滅させるための人類の卒論…40

神の非実在性について神学者と論議するとこうなってしまう…………42

チャネラーとブッダの論議は、こうなってしまった……………………71

異星人についてざっくばらんに語ると、こうなってしまう‥‥‥‥‥‥‥‥81

間抜けな全宇宙の支配者と対談すると、こうなってしまう‥‥‥‥‥‥‥89

気がめいるほど馬鹿馬鹿しい会見は、結局、こうなってしまった‥‥‥‥99

第3章／うっとおしい地球人との生活編

怒りを静めるセラピストは、結局、こうなってしまう‥‥‥‥‥‥‥‥‥110

地球人の目障りな動作、耳障りな雑音について語ると、こうなってしまう‥‥‥111

人類という猿と荘子が出会うと、こうなってしまう『現代・荘子物語』‥‥‥‥118

猿の惑星地球と病的なる銀河系宇宙で
正気を保つ為の辞典を作ると、こうなってしまうのだが‥‥‥‥‥‥‥148

第4章／著者の独り言

著者が淡々と身の上話をすると、こうなってしまう‥‥‥‥‥‥‥‥‥160

ある探究者への手紙‥‥‥‥‥‥‥‥‥‥‥‥‥‥‥‥‥‥‥‥‥‥‥175

精神世界書籍の出版の社会問題について語ると、こうなってしまう‥‥‥‥183

第5章／人類を使った苦痛生産システム

ＥＯイズムにおける宇宙論の概要、
すなわち宇宙の「こやし」としての人類についての話は、こうなった ……… 192

ルーシュの定義 …………………………………………………… 202

ルーシュとは振動である ………………………………………… 205

立場を逆にすれば理解が容易である ……………………………… 206

第１作物への後退 ………………………………………………… 208

第6章／荘子、狂想曲

荘子は、ギャグ語りき ……………………………………………… 214

荘子　狂想曲／第２章 …………………………………………… 221

荘子　狂想曲／終章 ……………………………………………… 228

著者略歴と無明庵の著作案内 ………………………………… 234

無明庵の本は自らの責任で
自分の人生を生きる覚悟のある方のみ、お読み下さい。

第1章／間抜けな超能力者たち

念力男は、結局、こうなってしまう

あるところに、スプーンを曲げる念力男なるものがいた。
彼はどんな金属でも、物質でも何でも曲げることが出来た。
だが、そんな彼にも、
どうやっても絶対に曲げられないものがあった。
ん？何だろう？
彼がどうしても曲げられないもの、

それは、彼の「信念」だった。

・・・彼のおつむは依然として、ぶっ壊れた時計のままだ。

****

不老不死だと、結局、こうなってしまう

とある中国の村の薬剤師が、医学上よくある、ありがちな結末として、
不老不死の薬を作り上げてしまった。
おかげで村人が150歳まで生きたのはよかったものの、
誰ひとりとして200歳までは生きなかった。

いやいや、薬の効能には全く問題なかったのだが、
200年を生きる前に
全員が自殺してしまった。

なぜかというと、不老不死になったものの、その村では
浮気と離婚が許されていなかったからだ。

20年でさえ耐えられない旦那や女房の顔を
『永久に』見るに耐えられる者は
誰ひとりいなかったというわけだ。

****

動物や他人とテレパシーが通じると、結局、こうなってしまう

もしも本当に虫や鳥の言っていることが翻訳されたら、
人間たちは彼らを殺しかねない。
というのも、彼ら動物は終始同じような会話しかしていないからだ。

ちょうど電車の中で人間のおじさんが上司への文句を言い、
ボディコンが食べ物と車と男の話しかしないように、
そして若者が趣味と仕事と下ネタの話しかしないように、
鳥も虫も猫も犬たちも、
やはり、年がら年中、餌や雌のことでしゃべっているからだ。
だから、「動物の言葉が分かったらいいなぁー」、
などと言う人間たちに言っておくが、
そうなったらあなたたちは彼らを殺すだろう。

例えば、お嬢さんの飼い猫がこんなふうに言うわけである。
『昨日の晩のお相手のあんたの男、えらい不細工やなぁー。
それに今朝のメシったら、ひどくまずいぜ。
人間やっとるなら、ちゃんと働いていいメシよこさんかい。
その代わりに俺様は嫌なんだが、我慢して
あんたにナデナデされても、おとなしくしててやらぁー。』

テレパシー。

それはあなたが完全に怒りというものを超越しなければ、
あなたを、ただただ悲惨にするだろう。

あなたはまず、他人のどんな言葉、どんな言葉の仕打ちに対しても
それを平然と見守る資質を必要とする。
物質的な次元で、もしもこれが出来ないのならば、
あなたにテレパシーなど不可能だ。

あなたは、もしも自分の感情や怒りへの観察力もないままでテレパシーを持ったら、
終始あなたは「周りの人間の偽善が筒抜けで感知」されることになる。
そうなったら、あなたは毎日、憎悪し続けるだろう。

あなたは、つまらぬ私立探偵家のお手伝いか、テレビの行方不明人捜索番組に出演
するような三流の役立たずの占い師ぐらいにはなれても、
結局あなたの人生は間違いなく破綻する。

本当の意味であなたたちが、優しくなれるのは、
これらの一切の他人の偽善や嘘に超然とした時だけだ。

そうなれば、あなたの気分や好みを中心にした判断ではなく、
その場の状況への率直なる観察からの判断というものがある。
それはあなたの為でなく、状況そのものへの配慮だ。

まず他人が表ヅラの体裁を作りながらも頭の中で考えている本心を、
あるいは彼らが口に出して言うすべての言葉に徹頭徹尾『冷静』でいられなければ、
テレパシーはあなたを苦しめるだけだ。

若いころの私に起きたのはそういうことだった。
だから私は当時、とにかく激怒しやすかった。
当時の私が、常に最初に口にした相手への言葉は
『この嘘つきめ』であった。

だから、彼らは私を、まるで心を見通す悪魔のように見なした。
私がいわば心霊的なカウンセリングをやる時は私に敬意を持つが、
私が彼らの偽善暴きの段階に入ると、一転して彼らは私を憎悪しはじめた。

たとえそれが彼らの心を少しでも軽くする手段であってもである。
だから、
私は、その人達には成長や覚醒への飢えがないのだと、
ただ諦めるしかなかった。

すなわち、テレパシーなどは、
自分の思考を完全に捨てる用意のないものには、
ただの盗聴器にすぎないのである。

地震が予知出来ても
結局、こうなってしまう

ラジオで聞いた話だが、
植物に電極を付けて調べていたら、地震が予知できそうだということになり、
必死に日夜研究している教授がどっかの大学にいるという。
なんでも、30時間前に植物の電圧に変化があったという。
さて、コメンテーターは言った。
『こうした研究が実って一刻も早く、完全な地震予知が出来るといいですね』
さて、あなたはどう思うかね？？・・・・
コラコラ、なかなかおもしろい研究だなんて言うんじゃないですよっ。
私は大笑いしたよ。
地球では、『なるほど、世の中のためになる』などと
二足生物の猿どもはうなずく。だが、私は思いっきり大笑いした。

まずですよ・・・・
関東大震災並の地震が、さて、来ましたとする。
天に祈って静める気かね？？不可能だ。
起きることはどうにもできない。

では次に、さて、『予知』が出来ました。
例えば、なんとか予知できて『えーっ明日、いえー、あさってごろ、震度7の地震
が関東地方に起きる可能性は85パーセントです』なんて天気予報のようなことを
『真剣に』アナウンサーが言ったとする。
これで、一体どれだけの人間が逃げるかね？？
しかも、放送する側としては100パーセントなんて言って
もしも外れたら大変な抗議をうける。
その影響で、企業からは訴訟問題まで起きるわけだ。
だから「パーセント」しか言えない。
だから予知できると言っても、一体「何がどう」出来るのかね？？

第1章 / 間抜けな超能力者たち

つまり、そんな研究をして、あるいは予知して
実質的にどう出来るんだね？？
お馬鹿さんの予言者、予測屋たちよ。

100パーセントの確実な地震予知が可能になったとする。
実に結構な話だ。
それとてそんな予知が可能になるまであと半世紀はかかることだろう。
天気予報すら50年でこれだ。
いやいや女性の生理でさえ、100パーセント確実な予知も出来ないんだよ。

では猿の学者さんたち。
私が100歩譲って100パーセントの地震予知が可能だったとする。

だが、30時間前に、あるいは4日前にそんなことが分かって、
さて、交通機関、移転先の対応はどうするね？？
そんな対応可能な状態が、今、どこにあるのだね？？
これから政府が対応のシステムを作る気でいるとでも思っているのかね？？
結局は、ただのパニックだ。
起きることはただの交通機関の大混乱だ。
たとえ一週間前に確実に予知されたって、同じことだ。
荷物整理に2日。丸っきり東京から人がいなくなるのにフルに交通機関を活用した
としても4日、いやいや我先にと順番など無視するからその渋滞で結局パニック。
そうこうするうちに『おしまい』となり類人猿が数千万人『焼き猿』になる。

さて、このような『実際問題として』全くなんの役にも立たない、
その地震予知研究とやらの教授の研究資金は大学から出ているのである。
しかも、かわいそうな電極付きの植物たち。
教授は言う、『世のための研究です』。
まわりの類人猿もいう。『そうだそうだ』。

そんな猿の研究室に私なら、こんなハガキを一枚出そうかね。
『そんな暇があったら、地震のあとの生活の仕方でも考えろ。
地震が当たるか当たらないかの
お前さんのバクチの趣味を『世のため』と言いなさんな。この脳たりんめ！』
・・・・・・・・・
そんなわけで、予知できる事と、それをどうにか出来ることは全く別問題である
のであるから、結局は地震の予知などにはなんの意味もない。
予知などは、せいぜい馬券と宝くじと戦争の勝敗に役立つのみであり、
予知能力は、くだらないあなたのギャンブルに貢献することはあっても、
全人類に役に立ったためしは、ただの一度もない。

＊＊＊＊＊＊＊＊＊＊＊＊＊＊＊＊＊＊＊＊＊＊＊＊

的中率100パーセントの予言者は
結局、こうなってしまう

さて､､､､､
確実な予言者なるものが、存在したとしよう。
『明日の新聞記事』すらかけるほどの近い未来から、
10日、10年先まで完璧に分かり、
100パーセントの的中をする者がいたとしよう。

残念というか、当然というべきか、
その者は、ただの10日も生き残れまい。

やれ、セラピーだ、占いだと、
人々はそういう易者を巡って、金まで払って訪れていたというのに、

いざ本物の予言者が出たら、
崇拝されるのは<u>最初の６日だけ</u>。

７日目には彼は安息に入り・・・そして永久にそのままだ。

たとえば、保険会社に暗殺されたり・・・等々である。
これが、一人の予言者の「世界の創造の６日」の皮肉な物語というものだ。

確実な未来が分かったところで、人々はどうすることもできない。
人は自分に都合のよい未来は喜んでも、都合の悪い未来は避けようとする。
しかしそれは誰の都合なのかね？？

個人でなくても、人間全体であっても、
では地球や宇宙そのものの中で自分が一体どうあるべきかがわかりもしないような、
そんな者たちが、どんなに正確な予言を手にしたところで、
それは余計に破滅を招くだけである。それは精神的な破滅だ。

人々は、すべては「知ればなんとかなる」と思っている。
だが、これが気違いのなんたるかだ。

もしもなんであれ、知ってなんとかなるならば、
知識人、学者、予言者たちはとっくにこの世界を変革できた筈だ。
だが、知れば知るほど彼らは混沌を生み、不幸をまきちらした。
だが、予言に耳を傾けよ、などと言ったブッダはただの一人もいない。
知識が人を成熟する、などと言ったブッダはただの一人もいない。

地球の類人猿たちは、適切な情報を集め、適切な判断をし、
<u>適切に対応する</u>のが知恵と科学だと思っているらしい。それが知性の営みだと・・。
では一体、その『<u>適切性を判断する尺度</u>』はなんぞや？？

彼らが言う適切とは、宇宙のスケールでの話ではなく、
ちっぽけな人間の存続、そして自分達が苦痛でなくなるための方策と、
そして自分達が快楽を得るための適切な処置の事を言っているにすぎない。

一体最後には、誰が、
そして「人間の性質の何が」満足をしようとするのだろうか？？

英雄きどりの牧師は、地獄へ行って結局、こうなってしまう

こんな話をしてみよう。

船がもうすぐ沈没するが、ボートに10人しか乗れず、
一人だけ誰かが犠牲になって船とともに沈んで死ぬことになった。
そこにある牧師がいた。
いわゆる宗教家だったので、彼は喜んで死ぬ準備があった。
そして彼はそうすることで、自分が何か良いことでもしていると錯覚をしていた。
彼は、犠牲的精神が善だと思い込んでいた。
そして彼はその死なねばならない役割を引き受けて
めでたく、おくたばりになった。

さて、世間ではその後ニュースでその牧師が称えられるといった馬鹿な事が起きたのだが、あなたたちには、特別にこの犠牲的精神の英雄牧師の後日談をしてさしあげよう。

実は、死んでから彼は、天国でなく、地獄へ行った。
そこで当然、彼は不服を申し出た。

牧師「どうしてですか？わたしは10人の命の犠牲になったんだ。
　　　天使はどこだ？？？どうして俺様が、こんな臭い悪魔どもに囲まれていなければならないんだ？」

すると地獄の大王のサタンは言った。
サタン『ほうや、ちょっと見せたいものがあるんだがね。・・・・』

そう言うとサタンは地獄のテレビモニターのスイッチを入れた。
そこには漂流するボートが映っていた。

サタン『そら、あんたが犠牲になって助けたボートの 10 人だが、その中に、
　　　　一人だけ船にどうしても残りたいって言い張った頑固な青年がいただろ？』

牧師「ああ、いたさ。でも俺様は、お前みたいなこれから先のある若者が死ぬべき
　　　ではないと必死に彼を説得して、そうして私が身代わりになったのだ」

サタン『ならば、画面のあのボートを見ているがいい。』

10 人を乗せたボートにいた一人の青年が、
突然にピストルを乱射して 9 人を殺してしまった。そして彼も自殺した。

サタン『おまえ、、、あの青年を船になぜ残さなかったんだ？
　　　　彼は自分の意志で残りたいと言ったのに。
　　　　彼はあそこで自殺したかったのだ。
　　　　そして彼の運命は、あそこで自殺を図ることだったのだ。
　　　　しかもだ、よく聞け、このマヌケ神父よ。
　　　　あの彼は、自分に向かって引金を引くたった 1 秒前に、あそこで神を目撃し、
　　　　そこで悟りを開き、ひとりのイエスとなる運命だったのだ。
　　　　しかも画面をよく見たまえ。船が沈むわずか 30 秒前に近くを航行していた
　　　　ロシアの原子力潜水艦に発見されて、その彼は助かるはずだったのだ。そ
　　　　してボートの全員も助かるはずだったのだ。
　　　　しかも、よく聞け、大マヌケ野郎が！！

　　　　その奇跡的に助かり、自殺せず、しかも悟った青年は、、
　　　　8 年後にロシアで政治家となり第 3 次世界大戦を食い止めるはずの人物だっ
　　　　たのだ。
　　　　ところが、てめぇーは、それを台なしにしたのだ！！！！
　　　　ちっちゃな、ちっちゃな、<u>てめぇーひとりが天国へ行くための手段の善行
　　　　とやらのせいでな</u>！だから、お前など地獄行きだ。クソったれめ！』

　　　　・・・・・・・・・

さて、この逸話の深さを、あなたは、ちゃんと読み取れるかな？

人間はこの世では謙虚でも、あの世で傲慢になってしまう。
それが理解されるべき一つめのことだ。
理解されるべき二つめの事は
運命というものは、あなたたちの打算的な思考で判断はできないということだ。
すなわち究極的運命、宿命は、いかなる論理でも計算できない。
それを把握できるのは、どのような論理でもなく、一種の直感だ。
しかしその直感の示唆するものは、往々にして、人間の近視眼的な利害関係や
世間的な判断とは大幅に異なるものである場合が圧倒的に多いのだ。

なぜならば、その運命の結果は何年も、何百年も先に出るようなものだからだ。
人は自分の人生のある種の成果のようなものをその本人が生きている間に見られない場合だって多くあるものだ。だから、ある種の良好な運命の流れに乗った判断を瞬間で即断するためには、人の善悪や苦痛や快適さとは全く違う基盤が必要になる。

その基盤になるものとしての直感を最大限に受容するのが、
あなたたちの内なる静寂なのだ。
・・・・・・・・・・・・・・・・・
すると地球人はＥＯに問う。
地球人「では、その静寂点をどのように達成したらいいのでしょう？」

ＥＯ『しかしその前に、どうしてあなたはそれを達成したいと思うのか？』

地球人「それが正しい判断の元になるとあなたがおっしゃったからです」

ＥＯ『ならば、君は牧師と同じだ。
　　　<u>正しさのために、そして間違わない自分を確立したいという願望を根拠にして静寂を欲しいという</u>。そうならば、君に永久に静寂はやってこない。
　　　なぜならば、それでは静寂そのものではなく、
　　　<u>静寂を踏台にして君もまた、自分のための天国をめざしているからだ</u>。
　　　それもまた地獄行きだな。』

地球人「それでは、我々はどうすることもできません」

ＥＯ『しかり。その通りだ。どうすることも出来なくなるのが本当の静寂だ。
あなたの心から［する］という事と［なすべきこと］、
それらが完全に落ちた瞬間が静寂だからだ。』

地球人「では、無心とはどのように実現されるのでしょうか？」

ＥＯ『無心の実現の必要などない。無心など生命である限り、不可能だ。
それはあり得ない。動物も、餌を取ることは最低限考えており、草木もまた、
どのような方向へ枝を伸ばすかを考えている。ただし彼らは迷ってはいない。
ただ考え、ただ判断している。思考と迷いは同じものではない。
たとえば禅師とても、茶をいれたり食事をするときには無心なわけではない。
どのように食べるか、どのように茶をいれるか、
これらはすべて思考によって可能なことだ。
生きるということは、思考なしにあり得ない。
ただし我々がここで言う思考とは躊躇や迷いのことではない。
行為や活動に必要な最低限の活動としての思考である。

だから本当の問題は無心か有心かということにあるのではなく、あなたたち
の本性が思考ではないという、あなたの意識の中心地点の欠如なのだ。
あなたの思考はそのままでよい。それを無心にする必要はない。
というのも、無心になどしようとすれば、無心はよくて、
思考は悪いとあなたは、またもや善悪を言い始めるからだ。
そうではなく、あらゆる思考はあるが、あなたはそれとは、全く関係のない「何
か」であるという体験の欠如が、人間のあらゆる苦悩の発端だ。

こういう本質的な体験が必要だと言うものの、さらには、それは全く、、
『知る』という次元ですらない。
それは体験されるが、それは知る体験ではない。

あなたの本性を会得したり、知ることではなく、感じとることですらない。
それは未知なる存在性そのものだ。それは100パーセントの完全な無知だ。

ただし、それはそこに思考や知識がないということではない。
しかし、あなたの思考が<u>単独では、でしゃばらない</u>ということだ。
あなたのあらゆる思考の前には、まず『ただの意識』が在るべきだ。

思考というものは単にその中を漂うものにすぎない。
生活には必要な思考は無数にある。何も完全な無心である必要はない。

<u>ただし、本心、主人公、本性としてのあなたは、</u>
<u>絶対的なまでに徹頭徹尾、それらから分離して離れたままにしていなさい</u>
ということが教えの本質である。

本当の無為自然、自然法爾は、すなわち正しい判断力とは
その静寂の中から自然に沸き起こるのである。』
・・・・・・・・・
さて、ここで、通常世間で「親切」と呼ばれている行為の中にある
人間の醜いエゴについて参考になる小話をもうひとつしておこう。

生前に、ふと小さな虫の命に哀れみを感じて、ある時、
蜘蛛を踏みつぶさなかった男が地獄にいた。
『蜘蛛の糸』という有名な東洋の逸話である。

さて、ある時、空から救いの糸が降りて来た。男はそれにつかまり、
地獄から脱出しようとしたが、後から大勢の仲間が糸につかまってきた。
男は自分だけが助かろうとしたために、
後から上って来る仲間を振り落とそうとした。
かくして、糸が切れて、自己中心的な男は地獄へ再び落ちた、
というのが原作の話のあらすじである。

だが実は、この逸話には後日談が存在する。

＊＊＊＊＊＊＊＊＊
何百年か経過したが、その男はまだ、地獄にいた。
すばらしく曇った、地獄曇りのある日、
再び『蜘蛛の糸』が男の頭上から降りて来た。男は糸につかまった。
ようやく中程まで昇ると、下から大勢の人達が糸につかまってきた。
「これは、おれの為のものだ。大勢でつかまったら、切れてしまうから、
お前らは降りやがれ」と言おうとしたのだが、
はて、どこかで前にあったような場面だと男は思い出した。
「確かここで、てめぇーひとりが助かろうとすると蜘蛛の糸が切れるんだったよな。
よっしゃ、それならば・・・」と思うと男は下の仲間に向かって叫んだ。

「おーい、おまえら、どんどんつかまれ。
そーら、全員つかまって、どんどん上がって来ーい！」

さてさて、まず、男が白い雲の上の天界に消えていった。
続いて、大勢の仲間も雲の中に消えていった。
そして、全員が

巨大グモに食われてしまった。・・・・・・・・・
＊＊＊＊＊＊＊＊＊
「魂胆ある親切は、身を滅ぼす」ということである。

ある人間の行為のしかたが、たとえ貪欲であれ、あるいは親切であれ、
どちらもそれは『道 = TAO』においては間違いである。
なぜならば、<u>依然として、あなたは『打算的』</u>だからだ。

世間一般に言われる親切という行為のほとんどは、
自己中心的な態度を露骨に出すか、
あるいは親切に見せ掛けて遠回しに出すかだけの違いしかなく、
どちらも、結局は「おのれ」の満足感を中心として機能している。

「他人を助けることで、最終的には自分が助かるのだ」などという、
ちっぽけなこざかしい計算が無意識の中にある限り、
いかなる宗教も思想も『おしつけがましく、かつまた心理的な利害関係を根拠に
しているもの』である。
それは結局、あの英雄きどりの牧師と同じ愚かさの中にいるといえるのである。

通常、こうした人知による判断が、どうにもつけられなくて追い込まれた時、
人は直感や占い、あるいは時には「神と合一した境地からの行為」と称する行為に
頼ることがある。
だが、そこには依然として、これまた次のような心理的な罠が存在する。

****

さらに加えて
直感に頼っても、こうなってしまう

インスピレーションという言葉をあなたたちはどう聞き取るのだろうか？
これは直感という意味だが、これ自体がエゴの産物だと私は見なしている。

直感という言葉はいかにも自然の働きであるとか、またはスピリチュアルであるか
のような錯覚をあなたたちに与える、耳当たりの良い「用語」だ。
いかにもそれは、正しいものであるかのように錯覚しやすい。

例えばある事物に関する判断をしかねてあなたは直感に頼る。だがあなたは
<u>その事物に関して直感を使うべきかどうかそれ自体をまず直感で確定したかね？</u>

さて、これは果てのない『直感哲学』となるよ。
つまり、あなたは直感すべきかどうかを、そもそも直感したか？ということだ。
しかし、実際にはそうではないはずだ。

まず、あなたが直感に耳をすませるとき、
すでにそこにはあなたの思考がある。
その問題を解決しなければならないという強迫観念もあるし、
その問題を解決したいという欲望もあるし、
その問題についてあれこれ考えている。

そしてお手上げだから、あなたは直感に頼る。
だが、こうした部分的な明け渡しでは、あなたは決して成長しないと私は断言する。
これ故に人間は、そのつまらぬ人生論から超越性へと飛躍できないままでいる。

こうしたやり口では直感は依然として<u>あなたの思考に利用されたままだ</u>。
思考が直感を利用する立場にあれば、当然次のようなことになる。
「この直感は正しかった、あの直感は間違っていた」、と。

あるいは直感そのものは確実なのだとあなたが言うならば、
今度はあなたはこう言うだろう。
「直感を正確に素直に受け取る私のコンディションが悪かった」だの、
「直感についてあれこれ迷った自分が悪かった」などと。

こうしてあなたの思考は直感というものを
いずれはあなたの<u>心理的な私有財産のように錯覚し始めるだろう</u>。
そうなればあなたはいつなんどきでも、
セラピストや霊感占い師の看板を持つことだって出来る。
そしてあなたは永久に不幸なままだ。
しかも他人をもその不幸に巻き込むだろう。

多くの人達が質問や疑問をカウンセラーに持ち込む。
ことに占い師やチャネラーに持ち込まれる質問の低俗さたるや、
聞いているだけで
『いかに人類が生存に値しない生物であるか』を痛感するほどだ。

さて、彼らによって持ち込まれる質問は何もかもが、
「どうしたらいいのでしょうか？」だ。
しかも、それらはすべてが「個別の問題」についてのものだ。
つまり、<u>主役の自分がどう変容したらいいのかではなく、</u>
<u>目先の問題をどうかわしたら、処理したらいいのか</u>という質問ばかりだ。

こういった質問の回答に喜んで答えるいわゆる直感師のところへ行ったり、
あるいはあなたがそうしたことをすることに気をつけなさい。
これらは、ことごとくあなたが道（TAO）から踏み外すきっかけになる。
それは彼らが原因ではなく、また直感そのものが原因ではなく、
それに対するあなたたちのエゴが原因だ。
直感すら我物にしようとする事が原因だ。

自分の直感に頼る人生というものでさえ、あなたを緊張させてしまうだろう。
あなたはいつも直感こそが正しいと思い込む。
そうなったらインスピレーションが沸けばよいが、出なければ落ち込む。
当たれば喜び、外れれば悩む。この賭博をいつまで繰り返すのだね？
それが楽しいなら、飽きるまで、苦しくなるまでやりなさい。
だが、もしも生命の基準をそこに置けば、あなたはとてつもない不幸になるだろう。
タロットカードや霊感といったものにしがみついてあなたは生きることだろう。
だが、それは何のためなのだね？？？何のためだね？？
そのインスピレーションの結果にあなたが期待するものはなんなのだね？
あなたはすでに、結果がこうあって欲しいという期待を持っているはずだ。

そのあなたの期待どおりの幸福な結果になるための手段、方法を見付けるために
あなたたちは直感を「利用しようとする」のである。

だが、そのあなたの期待する幸福の状態そのものが長期的に見て正しいかどうか、
そもそもそれをなぜ占わないのかね？
もしもそこで、あなたが悩み、判断しかね、苦悩することのほうが、あなたを成長
させる機会だったとしたら、どうするのだろう？

これらは単なる仮定の理屈ではない。
事実、あなたの生など、あなたには、どうにも判断はできないのだ。
判断できるとしたら、そこには判断基準がある。
その結果、お金や結婚や、精神の安定という、「あなたの」利益があるかどうかで、
その直感の結果の正しさや間違いをあなたは判断するだろう。

しかし、一体、どう判断するというのか？、どれが正しいのか？
だから、占い、あるいは直感をそのような思考の方法で取り扱う限り、
あなたは最終的に『絶対的な正しさ』について哲学しなければならなくなる。

すなわち、そもそも宇宙が何に向かっているかをつきつめないかぎりは、
あなたの判断に絶対的な基準はあり得ない。
地球や宇宙が何に向かっているかを判断基準にしなければ、
見掛けがどのようにうまく行っていても、結局すべてが破綻するだろう。
仮定を、前提を、目的を誤れば、全部が破綻する。

私は瞑想センターや禅寺やセラピストや治療師どもの倒産と解散を勧めている面が
確かにある。それらはあなたの本性の重荷や雑音になるからだ。
しかし、私が本当に勧めているのは、
『あなた』の解散だ。あなたの人格の解散だ。
あなたの内面で、あなたの思い描いたあなたの夢や反目する意見、
あなたの内面に存在する無数の思考たちや
あなたのポリシーなどというものの解散だ。

だから、私はまず、あなたの一人の内面の思考たちを解散させ、
最後にあなたの思考そのものと離婚させる。
残るのは本当の『あなた』だけだ。

ブッダたちは、いつも、ただ存在の中に存在しているのみである。

あなたも瞑想や座禅の一瞥のなかで、ただ純粋に存在している。

だが、違うと言えば、
私は二度とそこから出られない。

あなたたちは、あっと言う間に、金儲けやら、愛やら、モラル、世間、精神世界、導師、座禅、サイコセラピー、トランスパーソナル、ＯＯＢＥ、チャネリング、そして宇宙の果てまで『吹っ飛ぶ』。

だが、私は二度と出られない。
私は二度と、今ここの本性から出ない。

なぜならば、

二度と出ないこと､､

それが生死の狭間の

存在の『我家』だからだ。

奇跡の治療師は
結局、こうなってしまう

こんな話がある。
ニューヨークのある霊能力の治療師が末期のガン患者を治した。
ところが治って数カ月後、
その患者は別れ話で妻と口論し精神錯乱で銃を乱射して、
妻以外にも12人を撃ち殺したそうだ。
そして、その霊能力者の治療師は自殺したという。遺書はこうだった。
『治療とは、あるいは、「助け」とは、なんのための行為なのだろうか？』

セラピストたち、カウンセラーたち、治療師たちは肝に命じておくことだ。
はたして、治療そのものの行為はともかくも、
どの患者は治すべき運命にあるか、どれは運命からみて治すべきでないと、、
誰が判断できるかね？
多くの者は次のような逃げの理屈を言う。
「助けられた者の後の問題は治療側にはあるまい。その自殺した治療師は、
単に自虐的すぎる」と。
だが、そうだろうか？
その夫を助けたから13人が殺されたのもまた「事実」だ。
人はよく、「100人を助けるために1人を犠牲にする必要もある」
などと言うだろう。
ならば、その夫がその犠牲になるべき一人であってもいいはずだ。

なぜならば、他の無関係な12人の被害者にもそれぞれの運命、家族、未来があり、
その内の一人がブッダになる運命だったかもしれないのだから。

どうやって、あなたたちは、こうした複雑な運命を判断し、
結論を下すつもりだろうか？
一体、ガンの夫を助けたのが正しいのか、間違っていたのか？
「運命だから、自然にしておけ」、というのも、よく言われる逃げだ。
それほど自然にしたければ、あなたたちは一切医者へ行くべきじゃない。

第1章／間抜けな超能力者たち

『いっそ、自然とか運命にまかせる』
<u>この言葉を、あなたたちが物事に判断しかねて、</u>
<u>この哲学的な追及をほっぽり出す口実にする</u>のを私は見て来た。

都合が悪くなり、思案に暮れてあなたたちは初めて
「運命にまかせよう」などと言う。
<u>それまでは、何から何まで、運命を自分でやりくりしているつもりになり</u>、他人の
運命に干渉し、あげくに他人の運命を占うなどということをやらかしている。

さて、私はあなたを追撃してみよう。
一体、正しさの基準とは何かね？
あらゆる行為と言動における、正しさの基準は何かね？あなたの人生のあらゆる
局面で、絶対的な基準がないのならば、あなたは誰にもかかわるべきではない。
あなたはただ、自分の不安と不満に他人を巻添えにして、
混乱した言動をするだけだ。
だから、絶対の正しさが分かるまで、決して余計なことをしてはならない。

たとえば、あなたはどこの大学へ行くべきか？
さて、こんな問題をあなたは何によって判断する？
あなたの自由な意志に従うべきだろうか？
はて、それは<u>本当にあなたの自由な意志</u>だろうか？
それは、ただの社会から教え込まれた価値に従って
大学を選択しているのではないかね？

また、あなたがたとえ、独自の哲学から、人生観から選んだような大学、配偶者、
なんであれ、あなたが選ぶ道に正しいなどという基準をどうやって作るかね？
長い目で見れば、無数の失敗に見えることも、逆転して何かを生む。
だが、その逆もまた真なりだ。
無数の成功をしてきたことが全部ひっくりかえって、ただの無駄となる日がくる。

何が、最後の善悪の基準なのかね？
さて、そこでまた宇宙の話にしようかね。
というのも、それは私の光明、あの大悟の日の直前まで続いていたことだからだ。
存在の目的がわかれば万事解決と、私は探求方向を決定した。
だから、あらゆる宇宙人にその事を質問した。
だが、納得はできなかった。
ところが、完全に私を納得させた答えが私の内部にあった。
私は何度も、別の結論を仮定してみた。
だが、その結論以外に結論はあり得なかった。
その結論こそが、私がその日以来、二度と探求がなくなった原因だった。
原因のひとつには、
いわゆる思考を超えた悟りが恒久的になってしまったことはある。
だが、もうひとつの原因、それは<u>探求の題材が無になったことだ</u>。

あなたたちが、瞑想によって悟りを得たとしても、いつか、
再び<u>世界の存在の意味に首を傾げるとき</u>が来るかもしれない。
だが、私には絶対的にそれはあり得ない。
なぜならば、答えが見付かったからだ。
そしてその答えは、二度と考えたくもないものだ。
その答えが、我々や私をよりポジティブにし、それを知ることによって、
より充実したり、知恵にみちたり目的が定まって生き生きして、
他人や社会に貢献できると思ったら大きな間違いだ。
宇宙の発生と維持の真実は、まったく人間の夢、進化や発展などという、
甘い夢物語、悟りと平和などという、幼稚な世界のヴィジョンを
真っ向からたたき壊すようなものだ。
なぜならば、
『事実が心地よいもの』であるべきだなどという論理はどこにもないからだ。
たとえば、あなたはいつか死ぬ。
これは事実であって、どう、あなたを不安にさせようが事実だ。
<u>事実というのは、聞く者の気持ち、願望とは関係ない</u>。

私は悟る前からも、
多くの人々が事実を求めているのでなく、自分に知的、あるいは
感情的快楽をくれそうな情報だけを欲しがっているのを見て来た。

さて、宇宙の発生、その活動、その終焉。その意味。その目的。
そこには、全く哲学も精神性も神もいなかった。
神というのは、いわゆる何かの偉大な意志で宇宙を作ったというような
「お慈悲」のある存在がいなかったということだ。
そういう「ふり」をする高次元知性体は掃いて捨てるほどいたがね。
そして、私が決定的に知ることになった、事実はこうだった。

宇宙に偉大な目的など何もない。これといった目的もない。方向性もバラバラだ。
ただ一つ、この宇宙にはたった一つのプログラムというか意志がある。
それは『生存』を続けるという意志だ。
だがこれは意志というよりも本能、あるいは全宇宙的な衝動といってもよい。
すなわち、言い方を変えれば、『病的な衝動』だ。
その病名は『活動病』『創造病』『生存病』だ。

というのも、この宇宙はただ存在し続けようとする衝動によって、
その全次元が形成されている。
七つの霊世界すらすべてが、『生き延びる』ための葛藤をしている。
というのも、肉体がなくても、精神体は存在し、そういったなんらかの形あるもの
が存在するということは、その存続と管理をしなければならないことになり、
したがって、いかなる高次元にも、それぞれの死がある。
なぜ彼らは消滅を恐れるのだろう。彼らばかりではない。
あなたたちもだ。なぜ完全な消滅を恐れるのだろうか？
それはあなたたちが、もともと平安に死ぬようにはプログラムされていないからだ。
あなたは、生きること、その最低の衝動すら自分の意志ではなく洗脳されたものだ。
なぜならば、あなたの生きるという衝動は不安の生み出した産物だからだ。
だが、これらを私は、全宇宙的な『不安産業』と呼んだ。
特に地球にそのプログラムが過剰なわけではなく、宇宙全域になされていた。
宇宙には目的はない。だが、ある意志、衝動、恐怖がある。

それは無になりたくないというものだ。
これは人間ばかりではない。宇宙そのものの高次元がその不安を持つかぎり、
末端の人間がそれを拒否するのは不可能に近い。従って、このように、
なぜそもそも存在しなければならないのかを追究することもなく、
人々も、あるいは宇宙人たちも存在し、活動を続ける。
変化こそあれ、そこになんらかの進化などあるものだろうか？
進化とは生きるために生物学的に、
あるいは社会的に合理的になってゆくことだろうか？
だとしたら、またしても結論は同じだ。
<u>進化は生存のためであって、進化のための生存ではない。</u>
とすれば、精神世界のいうところの魂の進化などといったところで、
それまた高次元宇宙で
<u>どうやって生き延びるかの生存欲の産物にすぎないわけだ。</u>
生きがいなども同じく、目的のための目的ではなく、生きるための生きがいという
刺激にすぎない。つまりは、<u>喜びとは、単なる自殺防止薬にすぎない。</u>
だから、事実は、宇宙には正しさもなく、進化などもなく、たった一つの基準、
宇宙の目的と活動が『存続』と『苦痛回避』だけに費やされている。
ただの存続だ。なんのためでもない。ただの存在のために。

さて『事実』がこれだけならば、私も開き直って気楽な余生を送れただろう。
問題は、さらに複雑で単純だった。
つまり、その宇宙を存在させて、活動させるために、
<u>宇宙はどういうシステムを作ったかということ</u>だ。これが私を絶望的にした。
そして二度と、再び、絶望することがなくなった。
その絶望があまりにも完全だったので、もう私には希望がありえない。
だから、その日以来、何も望まなくなった。
世俗的なことも、精神的な事も一切。

さて、私を絶望させたのは、
その<u>宇宙の生存に使われている基本的なエネルギーの問題</u>だ。
宇宙を維持しているのは、重力や力学的な法則ばかりではない。

最も基本にあるのは、『意志』である。
本当はこの宇宙が思考と、知覚という錯覚の産物にすぎないということは、
ブッダでなくとも、平均的宇宙人たちの誰もが認識している基本的な事実である。
さて、思考の産物としての宇宙であるが、
その無数の思考を維持する根本的なエネルギーがある。
それが『生存意志エネルギー』だ。
つまりこれは、単純な感情だ。あるいは意志。あるいは生物学的な衝動だ。
あらゆる動物、植物からこの『生存意志』は発生する。
しかも、その生物を恐怖させて、苦痛を与え、葛藤させて、不安にすることで、
さらにそのエネルギーは得られることになる。
この一件については、部分的にはロバートモンローが『魂の体外旅行』で
『ルーシュ』という呼び名で説明しているので参照するといいだろう。
だが、彼はその追究を途中で放棄した。
だから、私は『廃墟のブッダたち』の中でその後始末をするはめになった。
そのルーシュとは正確に彼は定義していない。
愛のルーシュとか、憎しみのルーシュとか、淋しさを人工的に発生する、などと
実に曖昧な表現をしているが、
これを正確にあらわす言語は『生存欲への執着』であり、
そして、すなわちそれは、ひっくり返せば『無への恐怖』だ。

これはありとあらゆる方法で生物や惑星から採取可能だった。
微生物や植物よりも可動性の動物の方がより生死の問題で葛藤し、
そのエネルギーは得られる。
さらに、人間に対しては、頭脳から肉体まで、そのための全機能を搭載した。
実に、その機能とは『いかにして苦しめて、その苦しみと葛藤しつつ、
生きる意志を助長するか』という苦悩の発生のためだ。
慈悲などかけらほども、地球人を制作した制作者にはあるはずがない。
どうやって人間という感情発生生物資源から
『生存欲』という原料を絞り出すかだけが目的だったからだ。

社会的な圧迫、宗教的な強迫観念、不安、恐怖、そして快楽の悪循環。

<u>これらが人間の内面の問題が原因ならば、私ももう少し表立って振る舞うだろう。</u>

私が躊躇し、大悟の日からも、しばらく静かに生活していたのは、
クリシュナムルティーがその生涯聴衆に問い続けた『狂った世界』の原因が
<u>地球の生物以外の管理の元に行われたからだ。</u>
だが、知ったところでどうにもならない事を知るのも
死刑囚の人類の『ささやかな人権の一つ』かもしれないと思ったわけである。
だから、前著『廃墟のブッダたち』の一部で、
とうとう私はそれをあからさまに吹聴してみたのである。

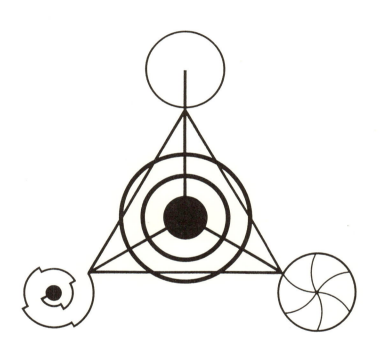

第2章／宇宙編・異次元編

盲信的宗教信者とその絶対者の概念を全滅させるための
人類の卒論

質問者＝どうも、あなたはＴＡＯや禅や特定流派の仏教だけは支持するようですが、では、その他の宗教については、それらをすべて否定するのですか？

ＥＯ＝結論から言えばＹＥＳである。しかも私がいわゆる宗教を否定する論拠は以下の論文で述べるが、それは極めて明確な論理的根拠による。
ところであなたの言う「宗教」とやらの定義をしてもらいたいが？

質問者＝絶対者を信じてそれが示す生き方にしたがってゆくことです。

ＥＯ＝あらためて言っておくが、私は地球に存在した諸宗派の７大宗教をすべて無価値なものとして論外にする。ユダヤ、キリストはもとより、ヒンドゥー、イスラム、ラマ教、道教、仏教はすべて否定する。むろん、神道など論外だ。
ただし、私が否定する道教とは老子ではなく後期の世俗化したそれである。
また仏教と言っても、原始経典に関しては、別である。
ただし現在の日本の仏教というものは、ヒンドゥー教的な多神教とキリスト教的な一神教の理念の「ゴタまぜ」であることは明白だ。宗派という会社の社長すなわち主神や主仏の頭が入れ代わっているだけで、下っ端の仏（菩薩たち）はあちこちの仏教宗派に顔が広いという、なんともメチャクチャなものだ。

さて、宗教家や神学者や信者たちが、一体何を頼りたいのかは知らないが、彼らが崇拝しているところの『唯一の絶対者』の概念というのは、ここ１万年の歴史の中でも最も始末の悪い『噂』あるいは『大ボラ』の一つだ。
ただし、私はいわゆるデーヴァたち（自然精霊たち）を否定しているのでもないし、さまざまな次元の中間管理職にある肉体を持たない知性体の存在を否定しているのではない。むろん、外部宇宙の生命体を否定もしていない。

私が論じるのは、その<u>頂点にいる</u>と噂される<u>絶対者の定義</u>そのものの矛盾、そしてもしもそれが存在するというのならば、その根拠についてである。また、そうした唯一絶対者が仮に存在したとしても、それに披造物が尊敬の念を持ったり敬意をはらうこと自体が矛盾しているということだ。

これらの問題については、私がくどくど解説するよりも我々よりも遥かに全宇宙の歴史について詳しい、別の次元の知性体の話を聞いてみるとよいだろう。

以下の記録は、
地球の典型的なマヌケな宗教家と宇宙の典型的なマヌケな知性体との、
白熱する論議の模様である。
宇宙に存在する一般的な知的生命体というものの本当の雰囲気をわかりやすくするために『彼ら』の口調を極端に軽く、侮辱的かつ下品、かつ理路整然としてみた。

コンピューターがしゃべるような無機的で論理的な口調にしてもよかったのだが、かえって、その冷徹さに、あなたたちの感情が痛むだろうと配慮した結果、それは極めて、下品な口調にしたので、読者諸君は、大いに、楽しんでいただけるだろう。

これを読み終えても、
なおもあなたが神社やら、教会や、寺やら、その他の寺院に行って『何か』を
『自分の利害の為に拝む』としたら、あなたは回復不可能な妄想の持ち主か、
あるいは論理的な理解力が皆無の「類人猿」だと言わざるを得ないだろう。

・・・・・・・・・・＊＊＊＊＊＊＊＊＊＊＊・・・・・・・・・・

神の非実在性について
神学者と論議するとこうなってしまう

● シリウスのゴロツキ異星人
「地球人とその神」を馬鹿とののしる。

創造者がいかに馬鹿、または馬鹿であったかについて、
論理的考察をシリウスの宇宙知性体が語る

この小論文のタイトルに
アンダーラインの過去形の部分があるのは次の理由による。
仮に、創造者（それが者である必要も根拠もないので創造意志としておこう）が、
宇宙で最初にいたとしても、
それが今もいるという論理は成立しない。
さて、地球人よ。
君の先祖がいたから君がいるだろうが、先祖は今はいない。
従って、君がいるのは創造主が今もなおいるからだ、
などと堅く信じる根拠は何も存在しない。
仮に、巧妙に作動している宇宙法則があるからといって創造意志（なんなら神と
言ってもいいが、ややこしくなるので今後文中では『そいつ』と呼ぶ）が今、存在
している事にはならない。そいつがとっくに死んで宇宙から消えていたとしても
どこもおかしくない。
機械的にただ、今も作られた法則が作動しているだけである。コンピューターの
処理計算の様子を何も君がじっと見守る必要はなく、そのまま計算させておいて、
さっさと散歩に出掛けるか、もしくは君がくたばってしまったとしても、なおも
機械は動くのと同じである。
よって、まわりくどくなったが、
そいつが仮に太古にいたとしても、今もいるという証拠はまったくない。
太古にいて、宇宙法則をでっちあげた直後に
早々に、くたばったというZ909銀河系機密情報のほうが正しいのである。

しかし、思考体生物、特に地球人は今もなお神がいるなどと思うほどに、
全くといってよいほど知性のない生物なので、
ここにささやかなる刺激のプレゼントを差し上げるために、
このＥＯという地球人の言語中枢を借りてしゃべらせていただくことにする。
あなたたちも、毎日、毎日、毎日、今日も、あすも、あさっても、死ぬまで同じ
繰り返しの生活にうんざりしているだろうし、なんのためにそんなことまでして、
退屈に直面しないように生活に工夫をこらすかもわからないらしいので、
我々と一緒にささやかなる論理ゲームでもしてみなさい。

最初の話だが、君のじいさんより、君のほうが、そして君より君の孫のほうが優れ
た人材になるということはおおいにある。いや、多くの場合、現象を限定した上で、
ある側面を見れば、後にあらわれる生物の方が優れているのが当然である。
（何を基準に優れているというかという問題はこの際、なしにしてだが）。
とするならば、仮に神、いや失礼、そいつが始めにいたからといって、
それが君より優れているという論理は成り立たない。
よって、まず第一に、そいつが宇宙で最初に存在したということは
なんらそいつの偉大性の根拠にならない。
神が馬鹿であることの考察の要点はまずこれである。
最初にいたから偉い、とは非論理的なり。
常に後の世代の方が優れているに決まっておる。これをもってして
始まりにいたので偉大であるとか、支配者であるという理屈は消え去った。
君達地球人から、よくこんな質問を受けることがある。
『宇宙はなぜあるか？』
この質問に対しては、質問の構造をまず分解してみよう。
我々はこの質問をこう言い換えよう
『なぜ宇宙があるかと、なぜ人間は問うか』である
こんな話がある。
銀河系の僻地のある太陽系の人気クイズ番組『なぜなぜワールド』で、
それまでの１千万もの出題クイズをなきものにしてしまった出題がなされた。
それは『なぜ、なぜなのか？』だった。

この出題の一年後、その太陽系の住人の大半が自殺した。
ということで、君達が死のうが生きようが我々には関係ないが、
一応、同じ論法を持ち込もう。

なぜ、君達は『なぜ』というのか？

最初の質問を分解しよう。
というのも、<u>まず言語定義がないと質問は成り立たないからである。</u>
『なぜ、宇宙はあるか、となぜ、人間は問うか？』
これを細かく定義すると

なぜ = わけ、理由、原因、動機など。
これらのうち君達の言っているのは『そいつ』の『動機』とするのが妥当だろう。
なぜならば宇宙の物理的発生の様子については地球がつぶれるほどの方程式の書類
を回答として君達の惑星に提出もできるからだ。君達の欲しいのは宇宙の現象的な
説明ではあるまい。その製作の動機、意志の根拠のことだろうと我々は推測して
話を進めよう。

宇宙は = はて一体どこの宇宙のことか？？というのも君達の言っている宇宙とは
君達の知覚範囲の情報内部の事なので、それは我々の、あるいは我々以外の生命の
知覚する宇宙とは違う。君達が寝ぼけたうわごとのように『万物』といってみたと
ころで君達は万物の一兆分の１の品々もみたこともないわけだから、これは全く意
味をなさない言語である。
どうやって、君達の問い掛けている宇宙の範囲を限定すればいいのかね？
それは次の言葉でも問題になる。

ある = ？？？では、この「ある」とはどういう状態を言うのかね？？
君達が見て触れて、推測できる範囲のものに多分君達は『ある』という言葉を
ひっつけているのだろうから、結局、君達の最初の質問は、さらに厳密に組み立て
直す必要がある。正確にはこうなる。
『君達に知覚されている、と君たちに認識されているところの感覚情報からなる
宇宙と命名されたもの（ようするに君達に見えたり、その他の痛いとか寒いとか
<u>知覚に影響する事物の全体</u>）はどういう動機、目的で作られ最終的にどうしたくて
製作されたのか？と君達は、なぜ疑問をもつか？？』

こんなところだろう。
さてこの質問から我々の論理回路がうけるところの印象はこうだ。

君達はいつから、宇宙または、その創造意志、
そいつを<u>人格的なもの</u>だと認識したのかね？？
君達人間は、何でも君達と同じように<u>擬人化する悪癖</u>をもっているようだ。
なぜ、そいつが人間的である必要があるのかね？？
なぜかね？？答えてみなさい。
君達の言うところの自然界の一体どこに人間的なものなどあるかね？？
君達以外の殆どすべてのもの、いや、君達の肉体の細胞ひとつひとつすら、
そもそも人間的でも人格的でもないものだ。
なぜ万物の製作担当者が人間的である必要があるかね・・。
君たちのその思考の妄想の原因は次の通りだ。

宇宙を創造したそいつは<u>被造物より上位にあるという妄想</u>だ。
しかし一体『上位』とはどういうことか、答えてみなさい。
解らないのなら、簡単な逆説や仮説を論じようかね。

ブルドーザーは君たち人間より物理的な力が弱いかね？？
トンカチより君たちの頭は堅いかね？？
君のポケットに入っている電卓の内部の住所のすべてを
君たちは自分の頭に記憶できるかね？？
これらへの答えは、すべてＮＯだ。
ならば、こういうことだ。
<u>宇宙を作ったそいつが君より物理的に、知的に強いという根拠はなにもない。</u>
<u>君に出来ることをそいつが出来るとは限らない。</u>
<u>君達は自分で出来ないこと、したくないことをさせるために</u>
<u>君達の道具を作り出すであろう。</u>

ならば、宇宙もそのように作られたとしても理解できるはずだ。

これは君達にとても理解し易い論理的な「たとえ」であろう。
すなわち、創造の動機は常に製作者の代行業務である。

となれば、
代行のために作られる製品は常に、創造者を上回っている必要がある。

電卓が君より遅く計算したのではそれはゴミ箱へ捨てられる。
よって、作られた目的を果すべく作られ製品として現在存在しているすべての
「宇宙製品」は、そいつより機能的には優れていることになる。
もしもそうでなかったら、廃品になっているはずだ。
ただし、こうは言える。
一応、そいつはなんでも少しなら出来るやつである。
君達が少しは暗算できるようにね。
これはたとえば、君達にも50メートルぐらいは海にもぐれるみたいなものだ。
ところが400メートルもぐるとなると、
つまらん鋼鉄のカプセルを作らなければなるまい。
この時点で潜水艦は君達より潜るという機能では優れたものに成り上がるわけだ。

こうなると、『部分的機能性の次元』では、そいつが君達の上にいるだの、
上位存在だという論理は簡単に破壊された。ちょろいもんだ。

かくして、神は被造物と機能面で比較したならば
無能か、あるいはほとんど無能と定義される。
これが要点その2である。
そいつは『不器用』あるいは『能なし』である。

先刻の通り、先にいたからといっても偉くない。
なぜならばゴキブリは君よりはるか以前からいたが君達に殺虫剤で殺されるところ
ろを見ると君らの上位にいるとはいいがたいからだ。
といってもこれはあくまでも君達人間の考える生物の位置付けの理論だがね。
真の優勢種や上位存在は時間的に先にいるということではない。

そいつ、つまり神が始まりにいたから偉大などという根拠は皆無だ。

また、次に上位存在は実際に何らかの力があるということではない。
これで神が万能などということはないと定義し直される。

また、そいつがすべての万物を作ったという論理もなりたたない。
なぜならば、そいつが我々を作ったり、君達人間を作ったとしても、
ビルや車は君達が作ったものだからだ。同じように、
別に山や海や惑星や太陽をそいつが作ったり運営している証拠はどこにもない。
たとえば、そいつが作った創造ロボットがこの宇宙を製作、そして管理していても
全く不思議はあるまい。
君らは異性と寝て、ベットをきしませて子供を作るが、
その子供が砂場で作った『お山』を君らが管理しているわけではあるまい。
よって、万物などというものをなにからなにまで、そいつが作ったなどという論拠
は何もない。
なんならば、そいつはただ一体の創造しか出来ない馬鹿の知性体を作っただけかも
しれまい。となると、問題はこういうことになる。

一体誰が、何の目的で宇宙を過去に作り、
現在は何の目的で誰が管理しているのか？
ところがだ・・・地球人よ、、
目的などというものは、最初の当初の目的と違ってしまってもなんら不思議はない。
そんなものは君達の日常生活を見たまえ。だから宇宙もそれと同じだ。
従って、宇宙も最初の目的が仮にあったとしても、現在もそれを維持している証拠
はない。とっくに別の目的に向かっていることも、おおいにあるのだ。
したがって、なぜ宇宙が最初に作られたかの疑問は無意味となり、
それよりも、なぜ現在維持されているか、または今後どういう目的へ向かうのかが
君達には適当な出題になるだろう。

さて、そいつが君達、あるいは君達を作った別の生物、さらに、その生物を作った
根源の知性体を作ったのが事実だったとしても、

<u>単に作ったからというのは、そいつの偉大性のなんの根拠にもならない。</u>
<u>創造者をただ創造したというそれだけの理由で</u>
<u>心にもなく尊敬する必要は君達にはなくなった。</u>
<u>君の子供が君を尊敬する必要がないのと同じだ。</u>

少しは『気楽』になったかね？地球人よ。

さて、では上位存在なるものは一体、君達は何だと定義するつもりかね？？
そいつは、まったく尊敬の必要はない。
一体、現在何が、そいつの「父権性の首」をつないでいるのかね？？
こういうことはありそうだ。
そいつは苦しくなるとたった一言しか君らに言えない。
それは、君らも幼い時から、よく聞いたことのある言葉だろう。

『誰が食わしてやってると思ってやがる！』

ところが、君らはそいつがいようがいまいが、生きて行くことになる。
だが、そいつはもしかしたら、たった一つだけ能力をもっているかもしれないと
我々も推測している。
それは『全宇宙の破壊能力』だ。

そいつに残ったたった一つの能力と、
父権を維持する脅迫は恐らくそれだけだろう。
『いつだってこの宇宙と君達の楽しい生活を壊せるんだぞー』とそいつはボタンに手を触れてるだけの9000億歳の『クソじじい』かもしれないのだよ。
さてこのようにそいつ、つまり神は尊敬に値しない存在とされるので、では、一体
君達は本当は何に対してゴマをすって、手を合わせて、へりくだるのが
君達の楽しい生活に必要なのかを暇な時にでも考えてみたまえ。
そいつにもしも宇宙の『管理の権限』があったとしよう。
もっともそんな論拠も全くないが、仮にあったとしよう。
だとすると、彼は『何を』管理しているのか？

管理というのは、面倒なものだ。
従って面倒なものをそいつがやるわけはない。
わざわざ言うことを聞かない宇宙を作り上げておいて、
それをなんとか支配しようと「あがくゲーム」をするほどそいつが馬鹿なら
話は別だが。
本来は管理の必要性などはないはずだ。
<u>法則さえ作ればあとは自動的に管理される</u>はず。
となるとそいつの最後の主張はこうなる。
『俺様は宇宙で<u>発想</u>するのだ』
は　っ　そ　う　・・だとさ。
一体、何をそいつは発想するつもりだろうか？
逆に考えてみようではないか？

そもそもなぜそいつは発想しないでいられないのか？
そいつは<u>どうも退屈が嫌いな落ち着かないボウヤ</u>のようだ。
となると<u>宇宙とはそいつの退屈しのぎの副産物</u>かもしれないという
仮説が出る。
そいつは退屈でいたくないと望んでいるらしい。
では退屈こそを望み退屈が大好きな我々純粋意識体は、
この宇宙の産物でないことになる。
だからそんなわけで、我々は最近そいつに『退屈はいいものだ』と布教しているのである。
我々が脳波を借りているこのチャネラーもしかりだ。
さてそんなわけで、まことに君らの宇宙というものはくだらない発想の産物である。
加えて、落ち着きのない創造猿の産物だ。
要点をまとめれば、
■1. そいつ（神）は最初にいたかもしれないが、<u>今いる証拠はない</u>。
■2. そいつは始まりにいても<u>別に偉くない</u>。
■3. そいつの<u>機能</u>が優れている<u>証拠はない</u>。
■4. そいつは<u>万物を作ったわけではない</u>。
■5. そいつは<u>管理しているわけではない</u>。

■6.そいつはただ、
永遠という退屈をどうやってしのぐかを思い、あるいは過去に思い、
もう既にくたばって、消え去っているかもしれない。
■7.すると、今、宇宙は、全く無目的に、それぞれの宇宙で、
<u>我こそ管理者だと思い込んでいる知性体によって、</u>
<u>勝手に、それぞれの目的で運営されている可能性がある。</u>
■8.そいつは、もしまだ生きていれば『宇宙は俺が考えたものだ』と
<u>特許権の訴訟を今も続ける特大のおいぼれたアホであるか、</u>
■9.もしくは『俺は宇宙をいつでも消せる』としか言えない
超特大の『ろくでなし』の可能性が高いであろう。
・・・・・・・・・
かくして神とは愚かなものである。
そいつが偉大である痕跡は<u>論理的にどこにも見当たらない</u>。

最後に君達の文化に対する我々の観察の感想を述べてみよう。

社会とは、君達のものであれ、宇宙民族のものであれ、個人が物理的、
あるいは心理的に『死にたくない』と『苦痛をうけたくない』との、この二つの
恐怖神経信号によって運営されている。それは主に、なんとか各それぞれの生命体
が、平均的生存状態を維持しようとする『あがき』の集合である。

発展・成長あるいは進化という、そもそも全く正確に定義されないこの言葉を
盲目的に信じて君達は今日も明日も死ぬ直前まで、
そして死んだ後も同じことを繰り返す。
君達は、ときおり言う。
『我々は日々、新しい刺激、娯楽、哲学を作り出すのだ』と。
しかしながら、これは君達が君達の内部にかかえこまされた
『好奇心を<u>現状維持したい</u>』という心理的衝動とみなされる。
この観察からも、基本的に君達のような思考体生物には発展などはなく、
プログラムされた<u>今ある衝動の維持に重点がおかれている</u>。
発展していると錯覚しているだけで、君達が良く言って『発達』させているのは、
生存のための好奇心の維持のための手段そのものである。

すなわち、あの特大のバカの衝動を君達は『好奇心』と呼ばれるプログラムとして
抱え、退屈を嫌うように設計され、ゆえに君達そのものとその文明とは、
我々から見れば、以下のようにまとめられる。

肉体の正常な機能性、知性と呼ばれる好奇心の維持、霊性と呼ばれる自分を
責めたてる機能を生物の義務としてかかえさせられたのが君達であり、
単純な宇宙が存続しようとする
本能的なあがきの手段である無数の副産物を君達の「文明」と言う。

こうして地球の思考体生物は今ある内部のプログラム（悪くいえば欲望）を維持するためなら何でもやり、なんでも知覚し自分がものすごいこと、あるいは、ちょっとすごいことを出来るんだという妄想と思い込みの維持のために、ありとあらゆるくだらないことをし続けることに快感を知覚する、実に、あわれな生物である。

一方、我々意識体は、維持するものをもたない。
なにもしない。なにも必要とせず、退屈もしない。
自分は何も出来ない『うすのろ』であるという『事実』にいるために、
ありとあらゆることを『やらないこと』に、
無上の落ち着きを知覚するあわれな生物である。

どっちを選択するかは君達の自由だが、この自由という言葉の定義には、
君達の言語を駆使してもあと40世紀ばかりの説明時間が必要になるので、
このへんで切り上げよう。

1992 8/21 Ｅ Ｏ

Ｐ Ｓ
我々シリウスの知性は我々が出会うあらゆる知的生物に対して
常に単純なテストを行うことをする。まず・・・

我々は短時間に相手の持つ趣味、好み、考え方、外見、その生き方について、
何の根拠もなく否定し、ののしる。さらに、最も相手が言われたくないであろうことを即座に検索してそれを言う。さて、こうして相手が即座に反論をし、自己主張の防衛を開始し、あるいは嫌悪や激怒などの子供じみた反射的な反応をした場合は、我々は即刻それらの生物をハエまたは猿と呼ぶことになる。
なぜならば、知的生物の場合の正常な反応は、否定されたときに
『彼らの経験の何をもってして私を否定する論理を持つのだろう？？』と
『判断の理由』に着目するからだ。
知的生物は『なぜ私をそう認識するか』と問い返して来る。
知的生物は常に認識の根拠に着目する。
一方、猿やハエは自己保存が反射的に機能するだけである。

こうして我々は日々、孤独で静かな生活をすごす。いささか不快なのは時折、
『あなたの静寂を破ってよろしいでしょうか』の断りもなしに
我々に話しかけてくるハエどもの存在である。

そんな我々にも好きなものはある。それはこうなる。

●我々が１番好きなのは、完全消滅という死を味わうことである。
●２番目に好きなのは、眠ることである。
●３番目に好きなのは、ただ『いる』ことである。
●４番目に好きでもあり、嫌いなのは、ただ『見る』ことである。
だが、この４番目に好きなものは同時に４番目に嫌いなものでもあるので、
次はこうなる。
●我々が３番目に嫌いなものは、「思考すること」であり、
●我々が２番目に嫌いなのは「しゃべること」であり、
●我々が最も大嫌いなのは、「生きる楽しみ」である。

チャネリング　by　ＥＯ
チャネリング・ソース＝裏宇宙のシリウスＺの意識体『・・』（発音不可能）

続編

この論文をこのチャネラーの脳波を通路として借用して、君達地球人の集合意識の平均的知性の中に投じてみて、そして我々は一晩を待った。
翌朝このチャネラーの脳に回収されていた君達の質問や反論は、
「気がめいるほど」馬鹿みたいだった。それはこうだった。

君達＝・　　我々の質問＝…

・「それでも神は存在するのだ。古代から文献にある」

…『その文献は誰が書いたのかね？』

・「その神を見た者だ」

…『そんなものは宇宙全部に腐るほど我々は見て来た。そして、結果と言えば、その全部が全く異なる見解だった。
　　しかし共通する特徴はあった。それはこうだ。「我々の民族が認識したところのそいつこそが一番だ」という各種族の主張だけだ。
　　力が一番あり、支配力が一番で、愛情が一番で、破壊力が一番で、と結局そいつは観念の一番争いの的にされたという共通点だ』

・「一番だから神なのだ」

…『なぜ二番ではいけない？』

・「それでは究極の支配者ではない」

…『ほれ、やっぱり君らは一番見付けが好きなのだな。
　　で、その一番のやつがいる前には誰がいた？』

・「何も存在しない」

…『ならば無が一番だろう？』

・「それは存在しないので我々が論じる価値がない」

…『いいだろう。ではまた一番ごっこの論議をしよう。
　　　で、そいつはどんな姿かね？』

・「場所によって違うらしい。つまりボコボコした頭をして切れ長の目をしていたり別の土地では髭をはやした長老だ。だが、それは仮の姿で神には姿はない。」

…『ならばそいつには何がある？』

・「知恵、知識、力だ」

…『どれぐらいのだね？』

・「無限だ」

…『君はバカかね？？無限を君は見たことがあるかね？
　　　まさか星のまたたく空間のずーっと向こうも、たぶんそうなっているということを推測して、無限というんじゃないだろうな？』

・「い、い、いや、その通りだ」

…『では無限に小さい空間を君達はどれくらい探索した？』

・「今のところ肉眼では機械を通しても直接には見えないが論理的にはある程度」

…『というわけでだ、君達の見たものは無限ではなく、制限の世界だ。
　　　ならば君達は無限という言語を使用する資格はない。
　　　よって、無限とは君達の幻想にすぎないのではないかね？』

・「よかろう。ではあんたらは無限を知っているのか」

…『知るわけあるまい。だが、無限になったことはある。
　　いいか、よく聞きな、お猿さん。無限になるというのは、無限になることだ。
　　君達の言うところの視覚のようなものも認識も、その範囲、内容、なにから何
　　まで無限だ。際限がなく拡張し、また無限ミクロまで収縮するのだ。無限にだ。
　　だから、果てがない。果てのない無限の中では認識は成り立たない。仕切るも
　　のも区切るものもない。どこから、どこまでと限定もなされない。よって、
　　無限になることは出来ても、それを見ることは出来ない。わかるか猿？？』

・「なんとなく」

…『では、論点を戻そうじゃないかね。では、その宇宙の中で、
　　最初に限定された者を神と言うのかね？』

・「そういうことになる」

…『単に最初だからというだけで尊敬や服従の価値ある存在にはなるまい』

・「いや、神は全時間に偏在するのだ。最初にいて、今もいて、最後にいる」

…『ただ、いるだけかね？』

・「宇宙を運営し、自らの作り出した生き物や物質を進化させるのが、
　　彼の義務なのだ」

…『あのなぁー、猿よ。最初にいたやつが、しかも最後までいるやつが、他の
　　一体誰から義務などを押し付けられるのかね？このボケ！』

・「いや、あの、、義務ではない。彼の楽しみ、・・そう趣味だ。
　　創造は神の戯れだと東洋の経典にもある」

… 『そうか。では、いいだろう。その戯れごとの定義はなんだ？』

・「我々が笑う感情に代表される心の作用だ」

… 『ほーーーーっ？？？つまりこうか？
　　君達がポルノ雑誌を見てニヤニヤしてたり、「こたえられまへんがな」とニヤニ
　　ヤしながら神とやらの創造物を食べたり、あるいは食べもしないのに、釣りを
　　したり、ニヤニヤしながら、軽蔑し、殺戮するわけだな。
　　そうか、神とはそういうものか？
　　ようするに手段はなんであれ「ニヤニヤ」するわけだな？』

・「いや、違う。神の遊びはもっと健全だ」

… 『ふぉおおおーーーーっっっっ？？？？け　ん　ぜ　ん？とな？
　　では、健全というものを、ここで定義してみなさい』

・「つまり、その、、つまりもっと、その、つまり、いい遊びだ。悪気のない」

… 『君達の子供たちが悪気もなく昆虫の足をポキポキ折って、
　　心底ニヤニヤ楽しんでいるのをよく見るが、あれか？？』

・「違う。彼らはまだ生物の痛みが分からないから、やるのだ。それは違う。
　　あれは神の遊びではない。」

… 『あのなぁー、ぼうや。虫たちには痛みはないんだよ。あせることは
　　しているがね。君らの大嫌いなそのモゾモゾ動く足がなくなるんだからな。
　　だが、痛みはない』

・「他の生物が困るようなことを神はしない」

… 『ならば君達に食われる他の生物は困らないわけか？？』

・「いや、、その、、困っているだろう。だが神が我々の食物連鎖の法則を作った
　　のだから、そんなことは俺たちの知ったことじゃない。これも神の意志だ」

…『よかろう。ならばだ、神は食べられて困るものと食べないと困るものの
　　二つを作って、片方は困ってよくて、片方は困らないようにひいきする遊びを
　　神は黙認していると言っていいな』

・「おい宇宙人、ちょっと待て。それは我々の肉体のレベルの話だ。
　　霊の世界では我々はそんな食べる必要はないから、
　　霊においては誰も苦痛もなく、みんな楽しんでいるのだ。
　　この物質世界とは越えられるべき低次元だ」

…『その低次元だって神の産物だろうが？？
　　それがそいつの楽しみの一つだろう』

・「そうだ。だから万物を彼は作った」

…『無論、苦痛もだな。そうなるとなんのためにだね？？』

・「学ぶためだ」

…『何をだ』

・「万物についてだ」

…『誰がだ』

・「我々だ」

…『そいつは、万物について何もかも知っているなら、
　　なんで我々にそんなことを学ばせるのかね？？』

・「いや、違う。訂正する。神は我々と共に学んでいるのだ。
　　宇宙の創造は神の自己認識のためだと西洋の経典にあった」

…『なら、一番とやらはどうした？？猿よ』

・「一緒に一番なのだ。だから、東洋の経典にあるように、
　　神と我々はひとつだ」

…『一緒に一番か・・・。フン。
　　それでは順位をつける意味がなくなったのではないかね？？』

・「だから、東洋の経典に、無差別、無分別が悟りだと書いてあった」

…『おいおい、誰も悟りの話などしてないぞ。猿どもめ。
　　論点をいちいち我々に戻させなさんな。で、君の神ってなんのだね？？
　　どうしてそいつが存在すると確信できるのかね？？』

・「神が存在しなければ万物も存在しないからだ。」

…『おまえら、そんな答えにならないことばかりを言えと一体、どこの誰から
　　教わったんだ？？なぜ、そんな公式が成り立つのかね？？このチャネラーを
　　通じて言っただろ。太古に存在しても、今いる必要などないと。』

・「いや、神はその法則そのものの中で生きている」

…『だとしてもだ、、そいつに人格や慈悲やらを維持する必要や、
　　君らの私生活のカウンセリングや、さらにはそいつが、
　　てめぇーでこしらえた君達の貧弱な肉体の奇跡的な治療なんぞの義務はなかろ
　　う？そいつの残したのはどの法則だね？？』

・「全部だ。残したのではなく、今も生きて、見守って、管理してる」

…『なんのためにだね？？』

・「楽しむためだ」

…『誰がかね』

・「一緒にだ」

…『そのスローガンは神のものだかどうか知らないが、全く同じスローガンが
シリウス人工頭脳開発会社にもあったなぁ。「共に楽しみましょう」だ。
つい最近、我々はその企業を一夜で消し去った。
そして数百光年の空白になった宇宙空間の空き地に我々はこう記してきた。
『共に楽しみ終えた』とな。

　　　　　　＊＊＊＊＊＊＊＊＊＊＊＊＊＊＊＊＊＊＊＊＊＊＊＊＊＊
ところで、君達との無駄な論議の時間短縮のために
君達の今までの理屈を総合して我々が知覚した君達の構造を述べよう・・・

君らによって構築された『一番野郎』の概念は、
概念そのものに多大な欠落、または制約、範囲の限定が見られることから、
概念というよりも、ずっと盲信に近い。
さて、その『盲信の定義』とはこうだ。

根拠をなすと見られる検討材料の情報が一定量になるよりも、はるか以前から、
すでに事実の検討など、どうでもよく、最初から、それを信じることによって
引き起こされる脳波の快楽を求める本能。
逆も真なりだ。

疑惑、否定への盲信もだ。これはひっくり返っただけ。
いかにして、それを否定するかという脳波に快楽中枢が快楽を感じることに重
点を置く生物は、それを否定する材料を回収し終えないはるか以前から「否定
しまくれ」という本能信号の完了を目指すのである。

よって、こうなると正気を保ったままの論理や検討の余地はなく、いかにして、最初に『仮定として用意した論理』にたくさんの応援団をひっつけるかのゲームが開始されるわけだ。このゲームはいまもなおアンドロメダの民族が好んで下等生物にプログラムして「共に楽しんでいる」。
君達の世界でこれは『布教』とかあるいは『選挙』とか呼ばれる。
論理の正当性ではなく、どうやって正常な論理を追究し続ける知性体をどこかで、丸めこんで説得し、知性体を撲滅して自分の仮説を信じさせるかというゲームだ。
君もその一人のようだが違うかね？』

・「私は違う。論理的に神の存在を証明しようとしてる」

…『では、正常に論理的にいこうではないかね。その前に馬鹿馬鹿しい前置きだが、馬鹿な猿が70億も君たちの惑星に配置されているので言っておこう。
たとえ観念の遊びとしてもだ、、
神の概念と、君達からみて、有能な知性体や生物体、
あるいは破壊力、脅迫力を持つ知性体を混同するな、である。

神と言う定義を君達にさせるとだ、、
日ごろ穏やかで静かな、この我々さえも「気がめいる答え」が君らからやって来る。

君らの神のイメージはこんなものだ。

・病気を治す、、
だが・・・結核は今、病院で治る。従ってワクチンが神である。
・なんでも見通せる
だが・・・そいつが君らの理解もイメージもできないものを見通したとしても、君らにそれを知る手だては皆無だ。従って、見通せたとしても、そいつが何を見通しているかは君に知るよしもない。君達が着目するのは、いわゆるＥＳＰを持つ能力者の完全体のイメージのようだが、それは<u>単なる知覚システムの延長であって、理解力や洞察力とは異なるものである</u>。

したがって、こんな会話を我々はよく耳にする。
能力者『あのー、あなたの家の庭にこんなものが見えますが』
質問者「ヒャーー、うっそー。なんでそんなこと分かるんですか？？」
我々『ひゃーー、うっそー。なんでそんなことが分からないのですか？？』
よくよく見るまでもなく、こうした類いの君達の敬意や尊敬、崇拝には、
必ずその立脚点の基盤というものがある。

ただし、崇拝には量的なバラつきがあることに着目したまえ。
つまり、少し崇拝する、とか、この部分は自分より能力があるので崇拝するとか、
これは自分より下なので軽蔑（この場合はマイナスの崇拝値＝軽蔑）するなど。

つねに崇拝や尊敬には、まず、基準が君達にある。そうなると、
君達が今のようにロクでもないハエである限りは、君達は宇宙のほとんどすべてのものを崇拝しなければならない。
従って、君達の生きる目的は、当分のあいだ、君達のバカな子供と君の近所の馬鹿な住人と君の馬鹿な教え子、加えて君達自身を軽蔑するかわりに、
その他の殆どすべての存在物を崇拝し、おがみ、尊敬しなければならないわけだ。
頑張りたまえ猿たちよ。
・・・・・・・・・

こういう話がある。このチャネラーのＥＯがある日、見守っていたことだ。
ある男が偶然飛んでいるハエをたたいた。
そいつはやったとばかり、ニヤリと満足そうに言った。
『なんでハエを殺すんだろうなぁー』、、（おれは、こうして弱い生物を殺戮することに疑問を持つぐらいの愛情はあるんだぞ・・と言いたげに、）
「てめぇーが、ハエを生き物だと思わない非道のロクでなしだからだ・・・」
とはＥＯは言わず、『たんなる習慣でしょう・・』とＥＯは言ってみた。
一体どう反応するのかと、ＥＯは男を見ていた。すると男はこうだ。
『いやな習慣だなぁー』と、
そいつは「習慣のせい」にした。
ＥＯは思った。

仕事の邪魔なので(別に邪魔さえしていないハエだったが)殺してやりたいから、殺したと言えばいいものを、他人から愛情のない者だと見下げられたくない、などと余計な葛藤をするもんだ。
いっちょ自然法則のイロハでも教えてやりたいもんだが、
私には別にそんな権限はないから、まっ、いいか。
すると、ＴＡＯの刑罰か、はたまたブッダやダルマの介入か、
はたまた単なる偶然かは別として、その男は三日後に尻に細菌が回って歩くこともままならぬ日々を数日過ごした。
<u>ハエよりも1000倍は小さい菌によってだ。</u>
ここで教訓である。
<u>生物の大きさをもってして、また、生物の知能をもってして、生物を侮辱し、殺戮するものは『それよりはるかに小さい生物』によって、いとも簡単に不愉快な生活を余儀なくされる</u>ということだ。おわかりか地球人よ。

さて、恐怖、尊敬、崇拝、軽蔑、なにもかも、そこには基準というものがある。
その基準とは、常に君らにどう影響するかである。
厳密には、君らには君らの知覚もしない無数の電磁波、重力、微生物、気体に日々影響されているのに、のうのうと酒場で生殖の相手を探すマヌケな生活をしているわけであるから、
厳密には、君らに可能な健全な模範的生活と言えば、

「君達に影響していると君達が意識的に認識、または思い込んだ利害関係や
死活問題の中で、君らの心地よさを加速するか、阻害するかなどの基準で
外界からの刺激を分類して、その中から、
君達にプログラムされた快楽信号を増幅する直接的な対象物（異性の肉体や食物）あるいは観念的な対象物（たとえば思考の持論が影響力が拡張されて自分の回りに『そうだそのとおりだ』と叫ぶ自分以下の馬鹿の寄せ集め）などを、ひたすら収集するのみである。」

このような生物を相手に、神の論議もなかろう。
いささか長い横槍だったので次だ。君達曰く

・そいつはようするに、
全知、全能、偏在である。基本的に地域性はなく、特定の名前も姿もない。
加えてそいつの仕事はロクでなしの生物を
そいつの楽園へ誘導すること、という副業を持つ、と地球人は信じているらしい。

そしてそいつの言うことを聞いて実行すれば、そいつの楽園へ行けると堅く信じている。いや、正確には堅く信じようとしている。
しかし、それを信じて、実行した結果は、
数え切れない場所での数え切れない戦闘だけだった。

そして、かんじんのその楽園についての知識は地球人は何もなく、あっても食って寝て、毎日退屈して、ときどき神の副業を手伝う天使とかいう生物をやる所だと思ってやがる。
となれば、君達あっての楽園企業ではないかね。

しかし、この極楽産業の発生の歴史は非常に馬鹿げたものだった。
それは、まず、罪悪感、つまり今のままではいけない、間違っていることは悪いことだ、という観念を任意に選び取った低脳生物に徹底的にたたきこむことだった。

これを観念体、つまりアストラル世界のレベルでやったことはあるのだが、
恐怖という宇宙で基本的な生命の推進力となる『実感』が発生しなかった。
間違うとどうなるかをいくらでっちあげても、誰も信じなかった。

そこで、間違うと「こうなるぞ」と徹底的に思い知らせる手段が考案された。
アストラル世界は君達が夢で恐怖しても次の日にはケロっとしているような過疎的なものであったので、絶対にぬけられない現実の苦痛、すなわち物質が考案された。

期限的制限はあるものの、原子そのものの寿命ぐらいはもつので、よしとされた。

さて、
この苦痛と不快。これらの全宇宙的な定義は非常に困難だ。
なぜならば、苦痛回路が生物ごとに異なるからだ。

だが、君達の生存形態に限定すれば、苦痛は単純に定義できる。
実はそれは君達の苦痛の感覚でもなければ、血でも汗でも涙でもない。
それはこう、定義される。
苦痛とは『落ち着かない』こと。

病気になれば、君らは落ち着かない。

他人から干渉されれば落ち着かない。

殴られれば落ち着かない。

じっとしてても落ち着かない。
すぐに何か始める。

そして、いかに落ち着かないようにするかが極楽産業のモットーだったので、
なるべく長持ちする落ち着かない要因が数多く考案された。
むろん、君達によってではない。

だが、最初のプログラムは単純に『活動しないと落ち着かない』ように設計し
ただけであったが、今では、頼まれもしないのに君達自身の手で無数の、
落ち着かせないための論理、娯楽、価値観を生み出している。
まったく『落ち着く』ことを知らないハエだ。

さて、そもそもいない神のことを論じる時間はもうない。
チャネラーの脳波の低下が見られるのでこのへんで切り上げたい。
その前にチャネラーをもう少し苦しめるために、しゃべろう。

＊＊＊＊＊＊＊＊＊＊
君達に『ちょっかい』を出したり、説教する知性体など宇宙には無数に棲息する。
君達の世界の『おせっかい』と同じだ。
そしてその主な動機は<u>君達のためである訳がない</u>。
あらゆる種類の利害関係があるが、基本的には『存続』しか動機は見当たらない。
共存であれ、敵対であれ、部分であれ、広範囲であれ、『存続』だ。

そして、我々の観察によれば、宇宙の存続には意味はない。
だが、君達の言う神はそれ以外のプログラムをしなかった。
よって神は無意味な、この無責任な創造物の制作者だ。
そこで、これを維持するためには、いかに無意味ではないかと思い込み、
日々、せっせと『存続しよう』という衝動を発生する加速装置が発明された。
それは『生きることは楽しい』と思わせる『快楽信号』である。
ところが、この快楽信号は裏返せば『死ぬことは楽しくない』という回路を必要とするために、主に、宇宙産業の極楽産業部門では『いかに死ぬことは楽しくないか』を強調することを余儀なくされた。
こうして『苦痛』の体験システムが考案されたわけだ。
犠牲者と言う意味では地球人より遥かに哀れな生物は無数ほどではないが、いる。つまりこれが意味するところは、君達もそうとう哀れだということだ。
ある生物は快楽中枢をたった一つしかプログラムされず、
その快楽が『死ぬ』ことだった。
だが、彼らはそれを執行できないように次元の境界線に封じこまれた。
つまり、死にたいが、宇宙産業が倒産する日まで、ほぼ永久に彼らのたった一つの『死という』解放の快楽を与えられず、全存在物を嫌悪し拒否し、存在することに苦痛を感じるのである。
このチャネラー、ＥＯはその存在の中核と同調した日から
発狂し、そして生存、存続、苦痛、快楽のあらゆるプログラムを解除され、
すなわち、君達の宇宙で完全失業し、それ故に、まったくのフリーとして全宇宙についての同調機能を手にいれた。ただ、彼が手に入れなかったものがある。
それは、わざわざ、くだらん異星人たちに同調などをしようとする意志だった。
故に彼は、『君達の宇宙の者でない我々』とのみ、
こうして直通回線を開けるのである。

だから、我々のおしゃべりというのは、君達を支援はしない。
なんなら、君達が我々を最低の悪魔だと言うならば、
我々にとってそれは称賛に聞こえるのである』

1992 8/23

チャネラー　ＥＯ　チャネル・ソース＝定義不可能
天体位置＝シリウスＡの裏知性体名称＝発音不可能

1992 8/26
では、その最低の悪魔、最低の死神、最低の存在である我々が今度は、
気ままに論じ、ささやかなる我々の生命観を語ってさしあげよう。

まず、最低ということが、『意識体』にとってどれほど素晴らしく、
また『思考体』にとってどれほど最低であるかということについて
君達地球人も、よく味わってみなさい。

君達がこの世で最低の者であることが出来たら、誰も君達に注目しない。
誰も君に何かさせようなどとせっついたりしない。
そして君が最低であるとき、君には緊張というものは何もない。
もしも君が誰よりも最低で在れば世界一の能無し、宇宙一の塵にも満たない無価値
な者でいたならば、君は決して混乱などしない。
なぜならば、その時こそ君は本来の本性以外に意識が『出掛けなくなる』からだ。

君達は本当に自分が宇宙の塵に過ぎないということを実感したならば、
君達は今日にでも静かになるだろう。
そして宇宙で最低の塵であることを知ったという、その知った自分を自慢するなど
ということすらもなく、本当にただの塵として、落ち着くだろう。
そして、肝心なことは、宇宙などというスケール以前に、
まず、君達は君たちの世界の中でも塵であることだ。

宇宙で塵であることは出来ても、人々の中で権威や自己優越性を回復してしまう
ならば、それでは『最低』ではない。
まず身の周りで最低を競いなさい。
君の子供より最低でいなさい。
君の上司よりも最低でいなさい。
誰よりも最低でいなさい。
そして、誰よりも最低でいるということは、
誰よりも何も知らなく、何もできなく、何もしないということだ。
無論これは内面的な次元での話である。
なぜならば、意識とは、そういう性質だからだ。

意識とは何も知らない。
それは全く何もしないまま存在している。
現在君達が自分を同化させているところの
知性や思考や情報や経験の記憶や習慣的感情でなく、
もしもこの意識に君が自己同一化の対象をシフトしてしまったら、
君達は自分が永久に『誰でもない』という体験に落ち着くはずだ。
我々がまずもって、生きるとか活動するとか、学ぶとか発展するという君達の耳に
聞こえのいい言葉やその概念を、かたっぱしから踏みつぶして行くのはそのためだ。

これらのことは君達の歴史の中で、ＴＡＯと呼ばれる体系や仏教と呼ばれるものの
本質の意味するところである。
老子と呼ばれた者が『私は列の一番後ろにいる。したがって、誰も私を押したり
できない』と述べたようにである。
我々は宇宙で最低の存在である。故に宇宙の誰からも、何も強制されることはない。
我々は力を持たない。生きる希望も意志もなく我々はただいる。
そしてそれは存在しようとする意志によっているのではなく、ただいる。
我々が我々の意識の存在や発生について、
疑問を持とうが持つまいが、それは『ただいる』。
君達が、世界で最も何者でもないのであるならば、
君達は『我家』への帰還をたやすいものにするだろう。

だが、もしも君が何者かであろうとしたり、何者かであると思ったり、
何者かでいることを自分自身に自分で強制するならば、
君は永久に君たちの本質でいることは不可能になる。

しかし十分に発達しない不愉快、十分に発達しない狂気、十分に発達しないエゴが
『それを放棄する重要性』に直面することは不可能だ。
そこで、我々はまず一般的な集合意識の中に頑丈に守られている習慣的な『神学的』
概念の取り壊しをしてみることにして、前著のようなものを無意識レベルに投じた。

さて、我々が誰であろうが、そのようなことは、君達には関係ない。
たとえば我々がシリウス星系の裏側の次元の、君達に観測も認識も不可能な宇宙に
足場すなわち、我々が顕在化するターミナルを持っている、などと事実を言っても、
それは我々には現実であっても、それは君達にはただのおとぎ話にすぎないからだ。

我々には特定の個体性というものは持たない。
また、意見、見解もない。
我々は君達が思考することの中にのみ、言葉を発する存在として存在できる。
我々は特定の記憶も持たない。
従って我々はこのチャネラーの脳を経路として観察した一般的、この時代の地球人
そのものから素材となる情報を観察し、それを単なる題材として扱う。
従って、君たちやこのチャネラーの知識に不完全な欠陥があれば、それもまた、
そのまま使われる。ようは、我々の着目するものは論理ではないのだ。
君達の論理性のどれが変であるかを指摘するのでなく、
論理そのものを全体を否定しようとする。

我々が観察したところによれば、君たちはまず、存在するということと、
生きるということは違うという体験を必要とするようだ。
すなわち、存在することと、活動することはイコールではない。
ならばこれによって「活動しなければ存在出来ない」という君達に刻印された、
習慣的論理が少しは軽減されてもよかろう。
我々が言う活動とは、君達が体を動かしたりすることよりも、

主に君達の思考活動を意味する。そこで格言をいくつか提示しよう。

恐怖それ自体以外に恐怖するものは何もない。
困るということそれ自体以外に、困るべきものはなにもない。
良くない、という思考がもっとも良くない思考である。

だが、君達はこうした最も本質的な古代からの教えを聞いても、次のように反発し、混乱するようだ。
「思考してはいけないのでは、一体どうやって、日々の問題に対処すべきなのか？」

君達は意識体経験がないようだ。
厳密にはあるのだが、すでに述べたようにその重要性について学ぶまで、
逆の思考を発達させなかったようだ。だから、君達は今もなお
『生活や心の快楽の役にたつ思考、つまり考え方のマニュアル』を飢えるように
求めている。だが、再三このチャネラーがかつて言ったように、
それこそが障害なのである。

もしも何かが役に立てば、君らはそれを抱える。そしてそれを保持する。
そしてしがみつく。
これらはすべて意識体にとって負担分子以外の何ものでもない。
ではそれが、一体何の役にたっているのか見たまえ。
それは君達の安定した平安な肉体生活や君達の心理的快感に役に立つということだ。
だが、我々が提示する意識とは、そうしたものではない。
君達が君達の為に、都合よく扱えるようなものではない。
我々が提示しているのは、君達の思考にとってもっとも都合の悪いものだ。
思考にとってもっとも都合の悪いものはなんだか、解るかね？？？
では君達にとってもっとも、最悪の都合の悪いことは何かね？
それは死だ。
思考や霊体にとっても都合の悪いことといえば、ねこそぎ抹殺されるということだ。

だが、我々はこれを推進する。

なぜならば、意識体にとってこれが最も都合がいいことだからだ。
さて、我々も、このＥＯと呼ばれるチャネラーもここ数カ月、試しにこうした
領域の問題を君達に投じてみて、君達と共に考え、共に意識してみた。
ところが、一般的な無意識の返答はごく非理性的なものだった。

つまりそれは『宇宙？、神、宇宙人？・えっＴＡＯ・・・・しらないね。
で、あんた、それが一体あたしの生活にどんな関係があるんだい？？』

君達の思考というものの構造のほとんどすべてをこの言葉は表明していると我々は
判断出来る。すなわち、
<u>各自の生活や興味に合致しない物事には、</u>
<u>それがいかに問題の本質であっても関心を持たない</u>ということだ。

そこで、我々はほぼ全人類、全民族の肉体と思考に共通するような
『利害関係』や『死活問題』に発展する観念的なもめごとによって、君達の概念に
横槍を入れることにした。
誰にとってでも即日、明日から生活に直結してしまう悩みを
『人工的に増幅』するわけだ。それはむろん、君らにとって不愉快なものとなろう。
なぜならば、結婚観、恋愛観、人生論、娯楽、なにもかもを粉砕するからだ。
君達が今日を生き、明日を生きる、などという
そのすべての希望を終わらせるのが我々の目的だからだ。

すべての希望が終わりを告げたときのみ、
初めて君達が正気へと戻るだろうことを幾分かは願いつつ。

1992 9/1

かくして、別書『廃墟のブッダたち』『続／廃墟のブッダたち』
『廃墟のブッダたち／外伝』『地球が消える時の座禅』
『反逆の宇宙』『小さなブッダの大きなお世話』等が完成した。

チャネラーとブッダの論議は
こうなってしまった

あるとき、私の元へ、一人の日本人の某「女チャネラー」がやって来た。
別に私が呼んだわけではないがね。
向こうの勝手で、言いたいことがあるとかで‥。
開口一番こうきたもんだ。

女『あんたに言いたいことがあるんだよ。
　　悟ったなどと言っているが、あたしゃそんなもの嘘っぱちだって、
　　あたしのコンタクトしている宇宙意識から聞いたよ。
　　そういう嘘を世間にいうのはやめなさい』

私『私はそれが嘘かどうかは知らんが、あんたにとってそれが嘘というのは本当
　　らしいね。おしまい。ごきげんよう』

女『それは屁理屈というものだ。あんたの言っていることでたくさんの人が傷つく
　　んだよ。だからあたしが言いに来たのさ』

私『では、何かの出版物に私の非難でも書かれる方が効果てきめんなのではないで
　　しょうかね？何万という人達が読むのですから』

女『そんなことをしてもあんたはまた人を傷付けるような物を書くだろうよ。
　　だから、わざわざあたしがこうして来て、あんたに二度とあんなものを書かせ
　　ないようにしなさいと、宇宙意識から言われたのさ』

私『おやおや、これはこれは、たいそうなご使命を背負っていらっしゃる。
　　つまり元から絶たなきゃなんとやらですね。はっはっはっ。
　　で、‥「何を」絶たれるおつもりで？』

女『あんたの口も手も二度と書けないようにね。
　　それにゃー、まずあんたの間違いを説得するのだよ』

私『では、どうぞ、お始め下さい』

女『あんたの言っていることには根拠も証拠もないのさ。たいそうな宇宙について
　　言うが、聞いてりゃ自分を悲劇の主人公のように言い宇宙をののしり、
　　あげくに悟ったなんて言っている。しかも、人間を猿やハエにたとえて非難する。
　　最低の本だ。多くの人が心を傷つけられているんだよ。
　　こんなことが良いことだとでも思っているのかい？』

私『良いことかどうかは知らないが、必要とは思ったがね。
　　特にあんたのような人にはね。
　　私は何度もこう言ってきた。異なる現実に直面することによって起きる矛盾の
　　原因は、それぞれの保存しすぎる思考やアイデンティティーにあるのだと。
　　多くの人がそのために苦しむと述べて来たよ。
　　あんたは私という毒草を刈り取りに来たかもしれないが、
　　私は全人類の苦しみの根っこを刈り取るつもりだよ。
　　むろんあなたも含めてね。そのために多少の苦痛は必要だよ。
　　あなたの頭や胸からそれを引っこ抜くんだからね。
　　まるでエイリアンのアブダクションみたいだね。
　　だが、私の言葉は素直に聞いていればどこにも苦痛もないし、誰も傷つかない
　　はずだよ。また、不愉快で、間違っていると思うなら捨てればいい。
　　言論は自由社会だろ、ここは』

女『あんたはリトル・グレイに洗脳されてんのさ。そうやって人々から心や感情や
　　人生観や愛を切り取ったり引っこ抜いてんだよ。悪魔の手先だ』

私『おやおや、これはこれは。で、お話の論点をちゃんと戻しましょうか。
　　で、あなたは私をどうされたいのですか？』

女『だからいってるだろ。あんたを説き伏せてやめさせるのが私の使命なのさ』

私『では、どうぞ説き伏せて下さい』

女『だから、もう言っただろ。あんたのやっていることは心理的な犯罪、殺人なん
　　だよ。たくさんの人がノイローゼになっているんだよ。どう責任とる気だい』

私『つまりノイローゼや絶望や心理的な苦痛を刺激するというのは犯罪かね？』

女『当たり前だよ。分らず屋。あんたの方が猿だ』

私『ならばね、、もしもそうなら世界のすべての宗教、すべての社会、
　　すべての戦争、すべての親たち、すべての学校、何もかもが、私よりずーっと
　　上手だね。というのも、彼らは何万年もノイローゼを生産し続けている。
　　だから、あんた、こんな所にいないでそっちを先に片付けたらどうだい？』

女『あたしにはそんな力はないさ。大きなことは出来ないが小さいことならなんと
　　やらだよ。まず、あんたという種を潰すのが私の使命なんだよ。
　　これは神様の命令なんだよ。
　　あんたみたいな嘘つきのせいで混乱がひどくなっているんだよ』

私『ほーっう。誰にでも嘘と分かるなら、だれも傷つくまい。
　　あんたエイプリル・フールのジョークで傷つくのかい？そうじゃないだろ。
　　傷つくっていうのはそれは『あなたに触れた』と言うことだ。えぐられた。
　　何かを傷つけられたというのは、影響したということさ。
　　つまり現実的なのさ。私の言うことは笑えないでしょ。現実的だから。
　　ならば私の言っていることは現実と真実ではないのかね？』

女『あんたは宇宙とコンタクトしただの、さらには全宇宙の果てに行っただのと
　　言う。そんなこと証明もできないのにだよ。だけどあんたの言うことはまるで
　　本当のように聞こえるのさ。だから無知な読者は本気にするのさ。

それが危険なのさ。あんたのやっていることはつまり詐欺だよ。
　　本物にみせかけて、混乱させているだけさ。しかも愛も優しさもない。
　　あんたの本の方がグズさ』

私『ふーん。何故、本当のように聞こえるのかね？？』

女『あたしゃ宇宙意識からちゃんと聞いているから嘘だって分かるさ。
　　だが、一般読者は馬鹿だからね。あんたの言ったことを鵜呑みにして、
　　絶望したり、あんたのいうような危険な瞑想をして、虚無だのなんだのと言って、
　　廃人を作り出すだけじゃないか』

私『ですから、もう一度ですが、
　　何故本物のように一般読者に見えるとあなたに見えるのですか？』

女『納得しそうになる説明だからだよ。そりゃ笑って嘘だとあたしみたいに分かる
　　能力者も少数はいる。だが、あんたは普通の生活の話題を巧妙に盛り込むのさ。
　　だからみんなが身に覚えのある事をつつかれる。
　　だから納得しそうになるわけだよ。
　　そうやって、結局あんたは人々を不安にするのを楽しんでいるのさ』

私『普通の生活に直結しない問題を取り扱ったりしたら一体何の為の本なのかね？
　　それではＳＦであろう。だが、私はＳＦ作家じゃない。私が取り扱うのは『心』だ。
　　あんたらみたいに宇宙人のカタログや説教語録を書いて
　　そんな事が一体何になる？それらはただの情報のショッピング雑誌だ。
　　そんなもので、あなたたちは明日から自覚的に生きたり人生が変わるかね？
　　あなたの苦痛が減ったり、激怒しなくなったり、落ち着いたりするかね？
　　そういう情報を自分のものであるかのようにして、吹聴して宇宙についての
　　おしゃべりを楽しむだけだろ。そしてまた違う意見と口論する。
　　そう、ここで今、まさにあんたがやっていることだ。
　　だから、私はそれを止めようと言っているのだよ。それが戦争の始まりだ。
　　意見交換も情報交換も結構だ。だが論争に意味や生産性はあるまい』

女『そうやってあんたは要点をはぐらかし、自分の正しさを主張するが、
　　結局あんたはサディスティックに人を傷つける悪魔であるだけだ。
　　だからあたしが神の名の元に始末してやるのさ』

私『ですから、どうぞご自由に。私はとうの昔に死んでおりますし、必死になって
　　主張するような意見もありませんから。語ることはしますが、別に自分がたい
　　そうな事を言っているとも思えないのですから。
　　常に私から見るとこう見えたので、こうしたらいかがかなという観察と意見書
　　のようなものですよ。否定されて結構ですよ。それとも、私がかつて言ったよ
　　うに、あなたは私に、ただあの一言を言わせてご満足したいのかね？？
　　つまり『私が間違っておりました。あなたが正しいです』とね。
　　たったこれだけの一言が聞きたいなら何十回でも言って差し上げますよ。
　　無論、本心を一切交えずにね。
　　私が悟って以来初めてつく大嘘になるわけだよ。はっははは』

女『ならば言いなさい。私はそれを録音して出版社に持ち込むよ。
　　そしてあんたの著作物を無にしてやるのさ』

私『うーん。それは無理かもね。あんたに録音させたら、
　　私はまた「正直」になって、書き始めるだろうね。
　　ちょうど依頼されている原稿のネタがなかったが、あんたのおかげでいいもの
　　が出来そうだ。つまりこの対談をネタにしようと思っているがね』

女『あんたはそうやって、私を愚弄し、非難する文書を書くのだろうよ。
　　まったくとっとと、ここで殺してやりたいよ』

私『えー。バグワンもそうやってあなたのような者に殺されました。
　　まぁ、あんたの話題は非難になるかどうかは知らんがギャグにはなる思うがね』

女『全く不愉快だよ。あんたは』

私『よろしい。本心から私が間違っているとあなたが私を説得できたら、
　　それはまさにあなたの宇宙意識と愛の力でしょう。どうぞ始めて下さい』

女『あんたには愛もない。他人を否定ばかりする。宇宙の素晴らしさを説かない。
　　神の偉大さを言わない。だから人を絶望させる。これは罪だ』

私『さよう。私には何もない。愛もない。が、憎しみもない。
　　私は思考だけのあなたたちを否定する。私は宇宙の素晴らしさは知らない。
　　だが悲惨さは知っているよ。神が偉大かどうかなど知らない。
　　だが、意識だけが唯一のあなたたちの希望であることは知っている。
　　だから私はあなたを絶望させざるを得ない。
　　絶望以外にどうやって人は望みを捨てられるのかね？
　　罪でもなんでも結構だ。私をはりつけにするがいい。私が言うのはただ一言だ。
　　『希望こそが絶望の原因だ』。
　　そして希望がなければ人は決して絶望しない。
　　あなたがいなければあなたも傷つくまい。何もなければ、何も壊れまい。
　　そうすれば、世の中や宇宙はただ、自然に起きる。
　　出会いも別れも、語ること聞き耳をたてる事。味わう。眺める。
　　ありのままだ。それが宇宙の美しさだよ。
　　ありのままに何も手をつけないことこそ存在への優しさと愛だと感じるがね』

女『それはただの詩的な美化だよ。
　　ブッダでも引用して無について語るつもりらしいが結局あんたは何も変えられ
　　ない。人に悲劇や悲惨な気持ちだけを作るのさ』

私『私はね、あなたたちがどうやって惨めになってゆくか、
　　丁寧に丁寧に説明したはずだよ。それはあなたたちが作り出すものだ。
　　その根本的な原因を私は書くし、しゃべる。もしも他にあなたたちの不幸、争い、
　　苦痛を無くす方法があったら、ぜひ教えて欲しい。むしろ私の方が知りたいね』

女『愛だよ。愛が万能なのさ』

私『では、もしも私が苦悩し、そして私によって苦悩している人をあなたの愛が
　　助けるならば、まず、愛で私を包みなさい。私は決して抵抗しないよ。どうぞ』

女『誰が悪魔などに愛をあげますか』

私『悪魔はだれからも愛されないわけですね。かわいそうに。
　　それでは、彼らは永遠に救われませんね』

女『そりゃそうさ。あいつらは愛を受け入れないんだから。
　　自分で自分を苦しめているのさ』

私『私は何も苦しくないですよ。愛がなくても淋しくありませんし』

女『あんたはただボケちまっただけさ。そう気違いだ。
　　狂人が物書きなんかするからこういうことになるんだよ。
　　そう、あんたは気違いだ。結論が出た。あんたは気違いだ』

私『あのー、一応、地球の法律では
　　気違いのやったことは犯罪でなくなるケースがあるわけですけど・・・。
　　では、あなたのその結論をもってして私を無罪にされては？？』

女『いやいや、違う。取り消す。あんたは詐欺師だ。詐欺罪だよ』

私『なんでもいいんですが、一向にあなたの目的は達成できないようだ。
　　私は別に犯罪者でも狂人でもなんでも良いですよ。
　　ただね、自分で狂っているとも犯罪をしているとも思っていないのですから、
　　少なくとも私もここで、ひとつ取り消しましょう。
　　「私が間違っておりました」とは私に対する嘘になる。それは言えない。
　　だから、本心から私が後悔しざんげするまでどうぞお続けください』

女『もういい。あんたとは話にならない。いつか罰が当たるぞ。覚えていろ』

私『いや、たぶん、私は忘れるよ。私は何も覚えないのでね。
　　記憶も思考もただ、流れているからね。私は何も引き留めないよ。
　　あなたも、そして死も生も』

女『やっぱりあんたは気違いだ。無意識。夢遊病患者だよ』

私『ところで、せっかく来たのだから、あなたのチャネリングを見たいね。
　　それを見れば私も気が変わるかもしれないよ。どうだね・・・？』

女『いいでしょう。今度は宇宙意識があんたをたたきのめす番さ』

女は<u>規定どおり</u>深呼吸などすると、ぐったりした。
で、<u>規定どおり</u>こう言う。

そいつ『オーケー。質問はなんだね？』

私『いちおう、試しに、まず私が紙にあっちで短い文章を書くからね。
　　それを私が丸めたら耳にでもいいし、いやなら、鼻にでも突っ込んで、
　　当ててごらん』

すると（そいつ）はやってのけた。見事に当てた。素晴らしい。
私が書いたのはこうだった。『お前は馬鹿だ』。
当てたそいつも見事正解なら、私が書いた<u>『内容』</u>も、どんぴしゃ正解ときたもんだ。
『そいつ』の馬鹿さかげんは、今に分かるよ。

さて、私は言った。

私『なるほど文字が透視で読めるなら、心などたやすいね。
　　じゃー、私が今考えている事をあててごらん。そう、つまり『本心』を見破っ
　　てごらん』

そいつ『よろしい。しっかり念じなさい』

私は心の中で『・・・・・・・・・・・・・（無思考）ののち、さっきの透視は
素晴らしい、実に素晴らしい、こいつには確かに透視能力があるんだ。見事だね』
と、本心で思いつつ・・・
私は女が集中している途中で口に出してこう言った。

私『あんたのさっきやったことは嘘だね。あんたに透視能力なんてないね。
　　私の思考パターンを推測して、たまたま当っただけさ。ふん！』

と全く心にもないことを口だけで言った。つまりただの言葉として。するとこうだ。

そいつ『いや、あれは真実だ。君はそうやって何事も疑い深い。
　　　　だからオープンマインドじゃない。あれは私達高次元意識の標準的能力だ。
　　　　証明してもまだ認めないのかね？』

私『いやいや、あれは偶然だね。まったく私は信じないね』
（と、これまた私は大嘘をついた。本心では信じているのなんのって。）

そいつ『君は駄目だ。その心が君の地獄を作るのだよ。君は自分で言ったろ。
　　　　ありのままを認めないから苦痛が生まれると。君は矛盾している』

私『いいかげんにしなさいよ。ちゃんと私の本心を見なさい。
　　だって私は最初は本心からあんたの能力を信じたのだよ。
　　本心からあんたの能力を認めたよ。
　　ただ、試しに、心に全くない『言葉』を言ってみたのさ。
　　「あんたの能力なんか嘘だ」ってね。
　　そしたら、あんたときたら、私の「本心」なんかちっとも見てやしない。
　　あんたの聞いたのは私のただの言葉だ。そしてあんたは
　　反論した。
　　あんたが私の本心を見ていたら、答えはこうだったはずだ・・
　　『やれやれ、君は心では信じたのに口では否定するふりをしているね。
　　なかなかいい引っ掛けだよ』とね。

ところが、あんた言葉しか聞いてなかった。
　私は大声で「素晴らしい能力だ」って言ってたんだよ。
　なのに、あんたは反論した。馬鹿め。
　この女ともども、とっととうせろ』
・・・・・・・・・・・・・・・・・・・・・・・・・・
女はトランスから覚めてしまった。
そして二度とチャネリングは出来なかったという。
これが猿の惑星のある日の出来事だった。

第2章／宇宙編・異次元編

異星人について
ざっくばらんに語るとこうなってしまう

前作『廃墟のブッダたち』で私が述べたような、地球の人類を生み出して、
操作したり、洗脳したり、あるいはその苦痛を生産して摂取する知性体の次元など
ならば地球の人間たちにも想像したり理解ができるであろう。
ちょうど、それは我々自身が食う為だと言って家畜を飼育したり、生物を養殖したり、
培養したり、遺伝子操作したり、実験にしたりするのが、
ただランク、つまり立場がずれただけだからだ。
それらなら、ほぼ我々にも完全に推測や想像や理解が可能だ。
我々人間の行為を置き換えればすむ。リトルグレイに地球人が収穫されるという事
があっても、それは単に、いままで他の家畜に対して加害者だった我々が被害者に
なるだけの事だ。
ところが、別種の、はるかに宇宙の大半をしめている本物の未知なエイリアン、
となると、生きる生存の衝動以外には何ひとつ我々と共通点が無いのだ。
なんせ彼らは三次元空間はまるっきり知らず、時間の内部に棲息する知性体まで
いるのだよ。わかりますか？
彼らにはいかなる造形物も、二次元も三次元も四次元も知覚されない。彼らが知覚
するのは時間だけだ。だから時間の都市に住み、時間を食っている。
こんなものは我々に全く理解出来ない知性体だ。それでなくても、この宇宙の
物理的領域だけでも、膨大な生存環境の違いから、知覚領域の違いと生存形態の
違いで、彼らの肉体生活のためには全く異質な物体や文化を生み出している。

宇宙の物理的次元に住むエイリアンだけでも、そもそもかれらが現実として認識し、
応用しているエネルギーはおそろしく種類がある。
したがって円盤というか、宇宙船の航行原理にしても多種多様なのだ。
そろいもそろって、ワープだの重力だの、光と同調だの、念力だのと、そんな
しろものではない。それらのエネルギーは地球人が生活の中で知っているような物
ばかりだ。あなたたちはただＳＦ的想像力の延長で『推測』しているだけである。

しかし、そもそも、全く我々に知られてもいない、そして機械的に感知も心霊的に

<u>感知もできない、つまり「知る可能性すらないエネルギー」が宇宙に充満している</u>わけだ。それらを我々が電気を使うように当たり前に使用している種族がいるわけであるから本当の宇宙人なるものの宇宙船は、私が透視したかぎり、なんとも奇々怪々なものだった。円盤などというしろものではない。カニの<u>ような</u>生物だったり、また、流体だったり、全く非対称にゴテゴテしていたり、あるいは全く厚みのない完全な二次元の平面体だったり、動くたびに形が全く変わったりする。
ようするに我々人間や地球の生物のようなのが中にいるという前提がそもそもあてはまらない。ミクロのレベルつまり分子や原子レベルの大きさの宇宙人すらいるのだから。つまり背丈1センチもいれば1ミリの異星人がいるわけだ。
「へぇー嘘みたい」なんて首をかしげてんじゃありませんよ！
こんなことは当たり前だ。なぜならば、あなたは、
<u>一体どれが生物の標準的大きさの基準</u>だと思い込んでいるのかねェー？
おつむ冷してくださいよ。
<u>物や生物の標準的大きさなんて宇宙にはありはしない。</u>

だから、逆に、「随分とでかい衛星や彗星だな」と思っていたら
実はそれが<u>生きた生命体</u>だったということもある。
そしてこの可視領域の我々のまわりの日常の生物たちにさえも
彼らは精神体としてコンタクトし続けている。
さて、こんなさまざまな相違が、物質領域からさらに不可視領域になったら、
やれアストラル界だのメンタル界だのという想像の領域どころではない。
本当の多次元宇宙の実態は『全く未知で不可解』なのだ。
ということで、もう宇宙「人」という言葉は使うべきでないと私は思う。
ついでに知性体というのも誤解をまねくし正確な表現ではない。
彼らがはたして生物かといわれれば、一応はそうだが、
可視領域でなかったりするような領域の生命体だと有機体ではないし、
むろん金属性の無機生命体もいる。どっちにしても知性というと、
我々はうさんくさいチャネリングみたいに、ご丁寧に地球の言葉で、
しかもくだらん世紀末のお話や説教をするものだと思い込む。
そんなやつらはほっておけばよろしい。それは、<u>ただの地球的な知性体の延長だ。</u>
全く、たいしたものじゃない。
それらは、宇宙でも最低のレベルに属する、

実にくだらない連中の地球人への「ちょっかい」にすぎない。

だが、いよいよ『本物の宇宙』との交流になれば、論理も言葉もない。
知性など無いまま高度に我々言うところの科学を発達させた連中は大勢いる。
モラルも愛も感情もない。
彼らに対しては、知性があるというイメージも、
あるいは知性がないというイメージもやめるべきだろう。
その宇宙の存在に対する正確な我々なりの名称は

『宇宙の何か』としか言えないのである。

1992 3/31 EO

さて、その昔、私の付き合った宇宙人たちはこうだった。
幾何学図形で身体が出来たエイリアンや、ちょっと人間の美観が
ついていけないような身長2メートルのムカデや蜘蛛のような人達とか、
いわゆるグレイタイプもいたし、薄紫色の膚のえらいベッピンさんの宇宙人もいた。
かと思うと我々の脳に全くイメージに変換できないために、透視すら安定して出来
ない存在もいた。こういう、つまらん物に詳しい老人とかコンタクティーだとか、
知ったような事をもったいぶって大袈裟に言うコメンテーターみたいな野郎が、
東京に何人かいるだろうから、詳しいことは彼らにでも聞けばいいだろう。
ただし、彼らはＴＡＯについては何にも知らないがね。たいてい自分の研究に夢中
になることで、宇宙の無限に長い退屈なる時間を「遊び」または「学習」だの「進化」
だのと称してしのいでいる。
だが、もう、そういう事には私は無関心だ。
どうせ、そういう外部次元の生命体に人間が遭遇しても、
結局それは100もの疑問と欲望を生みだすだけだ。たとえばこの地球に飽きたら、
別の次元や空間的な宇宙へ生まれたりすることはできるが、それぞれの天体に
規制は存在する。自由というものは基本的には環境には存在しないものだ。

そして、生命形態として、いろいろなバリエーションが存在するということは、
<u>あなたたちに楽しさをもたらすというよりも、</u>
<u>より多くの混乱と錯乱をもたらすことになる。</u>

何百年前かにアメリカに上陸した西洋人は、黒人を人間として扱わなかった事実を考えてもみなさい。同じ２足生物にさえも平等という意識のない者たちが、なぜ、１２足生物やほとんどホラー映画なみの生物とやっていけるかね？
しかも、知性という点では、彼らは、はるかに地球よりも進歩している。
さらにいえば、あなたたちが見たところ彼らの惑星にはいかなる科学の産物といわれるような構築物もない場合も多い。別に惑星の地下に都市を作っているというのでもない。ほとんど昆虫のように穏やかに生きてる者たちもいる。しかしその経験してきた宇宙での体験や知識は、たまに銀河系の幹部が相談しにゆくほどのものであり、外見は我々からみれば、たった５センチの青虫のようでありながら、
彼らは銀河系で『長老たち』と呼ばれている。
あなたたち地球人が彼らの惑星に行って彼らを見付けたら、気味悪がってふんずけてしまうことだろう。しかし、彼らはまったくそのままなされるままにしている。生死など彼らには関係ないからだ。物質としての仮の姿がそのような幼虫のような形になったにすぎない。

こうした現象は宇宙のある種の常識だが、特定の動物の形態というものは、
何も地球のダーウィン式の進化プロセスで発生したものではなく、
外部世界のエイリアンが
<u>物質世界に次元として突き出してくるときに取る形態というものがある。</u>
それは生物学的な根拠の形態ではない。
よく知られたものでは、あるいはジョークのようにして小説で語られたこともあるが、ハツカネズミは最も高度な次元の現れとして知られている。
イルカや鯨もそうだし、いわゆるクモもそうだし、ハチやアリのような昆虫もそうである。そして植物では、実にいろいろな花があるが、たいていは別の宇宙の意識が地球に意識のアンテナを張るために作られている。

とにかく、宇宙では何もＵＦＯに乗って飛び回ったり巨大なステーションを空間に

建造したりするばかりが知性の仕事ではない。
むしろ、宇宙の航行の為に、いろいろな物質を生産しなければならない宇宙人たちというのは、次元は高いとは言えない。それらの技術は、あなたたち地球人にも使えそうだ、という根拠で、彼らの科学のおこぼれに群がるバカも多いが、
実際に我々の幸せにとって必要なのは、どんな種類の物理的科学技術でもない。
事実、電気の発明から200年以上経て、これだけ便利で多彩になったのに、
一向に我々の惑星は不幸なままだ。むしろ、混乱したものばかり精神に生み出しているし生産される製品も自然に還元できないようなものばかりだ。
比較的我々から3000年とか、それぐらいしか進歩していないエイリアンたちの科学や社会理念というものは、我々の理想の延長にあるが、
それを実現した彼らが幸福であるかについては、私は、個人的に言わせてもらえば、はなはだ疑問だ。
たとえば、あなたたちがアマゾンに行く。あなたたちはヘリコプターもあり、
ライターもあり、保存食もあり、生きるのに万全の装備をしているのに
内面的な充実感では彼らのほうが遥かに満たされている。
かといって、質素であることや未開であることそのものに価値があるわけではない。

私が言いたいのは、より多くの複雑な情報やエネルギーや生命たちと、
ほどよくバランスのとれた交流を持ちたいならば、ほとんど自我や常識など粉砕されて、無垢の意識、すなわちＴＡＯや禅のような意識が実現されなかったら不可能だということだ。
宇宙の多様性や複雑さは、とても現在の地球人のついてゆけるしろものじゃない。
ちょっと複雑な人間関係の問題が起きたぐらいで動揺する地球の人間に、
しょっちゅう大事件が起きている宇宙で生きられるわけがない。
あなたは狂人になって戻って来る。「ああ、地球が一番いい」と。
とにかく、地球人が思い描く宇宙などは、まるで子供の夢なのだよ。
チャネラー、コンタクティー、そしてペンタゴンや政府がかかわっていると
噂される宇宙人すら、まだまだ、全然、全く、子供じみている。
それらは、たいして我々のＳＦイメージと変わらない文明だからだ。

しかし、宇宙では未だにイデオロギーの違いから惑星間戦争もあるし、

どこぞかの馬鹿チャネラーどもが言うほど宇宙は平和じゃないのだ。
まるで地球だけが遅れているから、早く進化しろなどと言う大馬鹿宇宙人がいる
ようだが、では彼らは一体どこまで進化したと言うのか？
いまだに、宇宙をあちこち回っては、ちょっかいを出す惑星を探したり、
また、銀河系公務員としての義務でアリのように働いているに過ぎない。
体裁のうえでは、まるで天使であるかのような振る舞いはするものの、落ち着きと
いう点では、老子やブッダやダルマの足元にも及ばない。
かと言って、地球がすばらしい所だ、などとは私は言うつもりはないがね。
人間さえいなければ、ここは、自然の芸術品と言われるほど美しい惑星であるとも
言えるが、しかし、地球よりも、もっとはるかに絶妙に美しい惑星も
無数にあることは忘れないことだ。
＊＊＊＊＊＊＊＊＊＊＊＊＊＊＊＊＊＊＊＊＊＊＊

地球人たちの美的な好み、安心感、依存感、利害関係の思考、
それらは実に子供じみている。
私が宇宙人なら、こんな低脳生物の惑星など100日で乗っ取れるね。
<u>あなたたちの好む通りに私は振る舞い、そしてあなたたちが安心するように、</u>
そしてあなたたちに限りない愛をもって、科学的な援助するように振る舞って、
奇跡的治療をやって喜ばせ、手からガラクタでも出現させて、
そして最後にあなたたちを惑星ごと、どっかに高値で売り飛ばすね。
純粋な疑問や、知性や判断力よりも「感覚的な好みと自分たちへの利害関係ばかり」
で生きているから、あなたたちはそういうことになってしまうのだ。
<u>利害関係がはっきりしている生物は、実に扱うのが楽だ。</u>
飴と鞭方式で、交互に報酬と懲罰を適度にコントロールすればいいのだから。
＊＊＊＊＊＊＊＊＊＊＊＊＊＊＊＊＊＊＊＊＊＊＊

しかし、どこの宇宙人からも、全くコントロールできない民族が存在する。それは
そもそも生命に依存していない、いつ死んでもいいような無力で欲のない人達だ。
欲があれば、それは必ず利用される。だが、欲のない人たちは利用できない。
これが『泥棒は乞食の家には入らない』という禅の鉄則だ。
泥棒の彼らも得るものはないし、その無垢な乞食も、何も得るつもりもない。

そこでは脅迫や報酬の誘惑に対して、利害関係が成立しない。
これがＴＡＯの人々である。
そして、なぜそれほど彼らは独立しているかというと、
彼らは死と仲がいいからだ。宇宙での完全消滅を受け入れている。
彼らの「生」はしっかりと絶対の闇、『死や無』に裏打ちされている。
・・・・・・・・・・・・・・・・・・・

近い将来、宇宙からさまざまな生命体がやってくるかもしれない。
そして、人々は、彼らが提供する科学技術や精神性の『餌に』群がってゆくだろう。

そんな広場を遠く離れた小さな公園で、
ひとりの老人とその友人たちは、花や虫や
日なたぼっこをする猫を眺めて、にっこり笑う。
その、かつてＥＯと呼ばれた老人とその門下にとって
宇宙人など知ったことじゃない。
目の前の、美しい草木が、彼の幸福と光明のすべてだ。

そして、こうした人達だけが、ある種の意味では、
本当にエイリアンたちと交流が出来る。
利害関係、死の恐怖のない者だけが、宇宙民族との中立的な交流の媒体になれる。
だから、私は、ひとつの内幕をばらせば、
私がＴＡＯや禅について語るのはいくつかの目的がある。

ひとつは、あなたたちの探求を終わらせて、楽にしてあげたいだけだ。

ふたつは、自主的な純粋な知性の確立によって、ふらふらと
利害関係で操られるような人種にならないようにすることだ。この基盤は悟りだ。

みっつめは、そうした人達は、近い将来、宇宙人とまっこうから同等に話し合う
だけの外交的な意識を持てることになる。それはちょうど私がよく言うように、
もしもあなたが、目の前にある、ひとつの草に光明を見られたら、あなたはどんな

ものでも意識が通じるということだ。かなり変で妙な宇宙人に対してもビビらない
だけの人達が私の門下から出ればいいな、と思うわけである。

こんな平和なこの地球で、悟って、ただ存在に深くくつろぐことが出来なかったら、
とてもじゃないが宇宙という言葉すら、
あなたたちに使う資格はないということだ。
だから、『死人禅』でもやって闇や無と仲良くなり、生の全部から解放されて、
そして、静かに世界をただ眺めるように暮らし、
落ち着いて、目的を持たず、自分を振り返ったり、
分析したり反省したりしないで、
『わからない君』のままでいなさい。
決して『なんだろちゃん』になってはならない。

・・・・・・・・・EO

間抜けな全宇宙の支配者と対談すると こうなってしまう

・・・・・・・・・・・・・・・・

序編＊梵天の少年との出会い
1993 11/20 明け方 4:00
＊＊＊＊＊＊＊＊＊＊＊＊＊＊＊＊＊

半年ほど前から、私の夢にときおり登場する男の子がいる。
どこの誰か解らないのだが、どこかの寺の小僧さんのような時もあれば、
インド人の町中の浮浪者の子供のようなときもある。ただ、いつも感じるのは、
その10才の子供は、とてつもなく知性を備えているということだ。
それはものを知っているという知性ではなく、知恵、観察力、感性が鋭く、つまり、
いわゆる、並外れて、大人よりも利口な子供なのだ。
その国籍不明の、夢に出て来る子供に向かって私はこれを書き始めることにしよう。

まずその少年に名前をつけてあげようね。
そうだな、その少年は「アロウ」と名付けよう。

アロウは夢で私の後からのっそりとついて来る。
私が「さっさと自分の世界に戻りな」と言っても、ついて来る。
ときおり、私は2、3何かを教えるが、彼は飲み込みがいいという少年ではない。

飲み込みがいいのではなく、彼は非常に中立に聞くのである。
どんな意見にも決して判断や反論を急がない少年だ。
かしこそうだが、どこかやはり子供らしく、やんちゃである。

アロウが言った
「どうして僕の名前はアロウなの？」

ＥＯ『だって、そりゃ別に少年と呼んでもいいけど、地球では少年というのは、
　　　意識の中身を表す言葉じゃなくて、人間という動物としてのおおざっぱな
　　　年令を表す言葉なんだ。そんなものは、僕にとって意味がないのさ。
　　　君にもしも僕が内面の年令をつけたら、君は80才ぐらいだよ。
　　　そこでね、昔この惑星に老子という人がいたんだ。
　　　彼は生まれた時に、その精神は、もう80才を越えた成熟をしていたという。
　　　だからその老子から一字もらって『老』。
　　　『亜』は次という意味だから、君の亜老という名前は、
　　　次世代の老子っていう意味さ』

アロウ「僕、なんだか、さっぱり、わかんないよ」

ＥＯ『ははは、そうかい。なら、意味なんか忘れてしまえ。
　　　とにかくこれから僕といる時の君の名前はアロウ（亜老）だよ。いいね』

アロウ「うん」

ＥＯ『ところで、ここはどこなんだい？
　　　君と会うのは、いつも僕らが夢と呼んでいる場所なんだ。
　　　ここは、どこなんだい？』

アロウ「どこ？って言われても、僕たちの町だよ」

ＥＯ『君はもう死んだ人なのかい？それともまだ生きてて、
　　　体は僕と同じように眠って、ここへ来ているのかい？』

アロウ「シヌ、イキテイル、って、、なんのことなの？」

ＥＯ『そうか、知らないのか。
　　　じゃー聞くけど、この町で誰か君の知っている他の人達が消えたり、
　　　動かなくなったり、壊れたりする。そういうのは見たことはないかい？』

アロウ「それなら、にぃちゃんが、さっき歩いて来た時なんか、
　　　　にぃちゃんの姿は、しょっちゅう、消えたり、歪んだり、壊れたりして、
　　　　また現れたりしてたよ」

ＥＯ『そうだよ､､そういうのが、そのままになって、
　　　いなくなってしまった君の友達とかは、いなかったかい？』

アロウ「うん。プハーリック博士がそうだった。博士はある日この町に来たんだ。
　　　　僕と仲良くなった。でも、しばらくすると博士は動かなくなってしまった。
　　　　そして、またしばらくしたら、消えてしまったよ」

ＥＯ『そういう人は、この町にたくさんいたの？』

アロウ「いたよ。みんなある日、突然消えてしまうんだ。
　　　　でも、新しい人がすぐやってきて、なんだかよくわかんないけど、
　　　　数はそんなに変わらないよ。数えたことはないけど、
　　　　だいたいこの町にはいつも900人ぐらいいるらしい」

ＥＯ『ふーん。ところで別の町はあるのかい？』

アロウ「あるらしいという話は聞いたけど、僕はここで何ひとつ不自由ないし、
　　　　興味がないんだ。僕は、ずーっとこの町にいたいよ」

ＥＯ『君のお父さんとか、お母さんとかは？』

アロウ「なんなの？そのオトーサとかオカサンとか？」

ＥＯ『そうか、君は本体が人間じゃないんだね。
　　　プハーリック博士は君にどんな事を教えたの？』

アロウ「うーん。他にもいろんな町はあるけど、
　　　　君はどこへ行っても君なんだっていつも言ってた。

　　　　そんで、いつも僕っていうのを１とすると、
　　　　その１っていう僕をよーく見ると、それは１でなくてゼロなんだと言ってた。
　　　　なんの事か、僕にはわからないよ。
　　　　１はひとつでしょ。ゼロは無いことでしょ。
　　　　それが僕とどう関係するのかなんてわからないよ」

ＥＯ『博士はどんな人だった？』

アロウ「よくわかんないけど、いつも床とか、もっているボードになんか線みたい
　　　　なのを書いていた。確かその線のことをスウジって言ってたよ」

ＥＯ『そうか。なるほどね。・・・
　　　　で、君はなんで僕になんか、ついてくるんだい？？』

アロウ「前にもにぃちゃんみたいな人達がいたんだ。たまにだけどね。
　　　　にぃちゃんそっくりの姿の人達が来たことがあるんだ。
　　　　僕はいつもその人達についていった。
　　　　だって、その人達はこの町の人と違うんだもん」

ＥＯ『どう、違うっていうんだい』

アロウ「だって、にぃちゃんたちみたいな全身が真っ黒の人達なんか、
　　　　ここにはいないさ」

ＥＯ『なんだって？そんなふうに君には見えているのかい？
　　　　じゃー、どうして僕が、にぃちゃんだってわかるんだい？』

アロウ「前にも同じような人が来た。で、僕がじいちゃんと呼んだら、
　　　　にぃちゃんとかなんとか呼べって言うんだ。
　　　　でも、どれもこれも真っ黒の人達だから、区別なんかできないよ。
　　　　ただ、何人か僕はそういう人にあって、その人達には
　　　　にぃちゃん、おねぇーちゃん、

じいちゃん、おばぁーちゃん、おじさん、おばさん、っていう
6種類の人達がいるらしいってわかったんだ。
何でわかるかって言うと、しゃべり方なんだ。声とかね」

ＥＯ『すると、僕の声はちゃんと聞こえているの？』

アロウ「うん。だけど姿は見えないよ。見えないっていうよりも、
にぃちゃんが存在しているところは、ぽっかりと円く真っ暗闇なんだ」

ＥＯ『つまり、僕は君の目には円く見えるのか？』

アロウ「うん。円いとか三角っていうのは、
それもプハーリック博士に教わった名前だよ」

ＥＯ『町の他の人達はどこにいるんだい？』

アロウ「にぃちゃん、何言ってるんだよ。
まわりにいっぱいいるじゃないか？」

ＥＯ『わからないよ。じゃー、その人達は君にはどんな形に見えるんだい？』

アロウ『青い三角とか、赤い線とか、黄色い四角とか、緑の半円とか、
銀色の三角とか、いろいろさ。
でもにぃちゃんみたいな真っ黒け、は特別だよ。
でね、そういう真っ黒の円い人がいたんだ。
その人も自分をじいちゃんって呼ばないでくれって僕に言ったんだ。
僕は、最初にそういう人に出会ったとき「じいちゃん」って呼ぶように教わっ
たから、そう呼んだんだけど、次の人は「おじさん」と呼べと言うし、
また別の人は「にぃちゃん」って呼べっていうんだ。
ちょうど、にぃちゃんと同じようなしゃべり方の人が、前にここに来たよ。
ブッダって言ってた。へんてこな名前だよね」

ＥＯ『なるほどね。ところで僕には君の姿は、
　　　僕の世界の町では少年って言っている姿に見えるんだよ。
　　　君にはわかるかい？』

アロウ「わかんないよ。どんな形なの？」

ＥＯ『そうか。床を見ててごらん。こんな形だ』

私は心の中で念じて床に単純な人の形の絵を書いた。するとアロウは言った。

アロウ「丸と楕円と、4つの線だね。
　　　　こんなふうに組み合わさっているのは初めて見るよ」

ＥＯ『そうだよ。こういうふうに君が見えているんだ。
　　　ところでアロウ。いくつも尋ねたい事があるんだ。
　　　まず、君にとって怖い事ってなんだい？』

アロウ「怖いって、なぁーに？」

ＥＯ『痛いってわかるかい？壊れるとか、止まったままになるとか』

アロウ「わからない。」

ＥＯは試しにアロウをバラバラにするイメージを心に念じて描いた。

アロウ「にぃちゃんの考えている事ならばわかるよ。
　　　　つまり形が違ってしまうんでしょ。でも、それをやっても僕にはなんとも
　　　　変化が起きないし、僕はそういう事をしても壊れないよ」

ＥＯ『痛いとか、怖いとか、そういうのが、全くないのか？』

アロウ「言っていることの意味がわからないよ。コワイとかイタイって？」

ＥＯ『じゃー、退屈って分かるかい？』

アロウ「なに、それ？」

ＥＯ『つまりね。たとえば、ずーっと、ここの町に誰もやってこない。誰もいなくなって、君だけしかいなくて、もう君が見る町もちっとも変わらなくなったり、あるいは世界がずーっと真っ暗になってしまったりした時だよ』

アロウ「その時はその時だよ。真っ暗なまま、ずーっとそのままさ。別になんともないじゃない。誰も来なくても別に静かだよ。真っ暗でも僕はずっといるし」

ＥＯ『全く、恐れ入ったなぁー。苦痛もなし、恐怖もなし、無も怖くない。退屈することもなく無限の空白の時間にも耐えられるわけだ。こんなことは、どんな霊界でもあり得ないことだ。学習し続けたり、エネルギーを補給したり、活動しなかったら、たとえ肉体はなくても、霊的な存在の輪郭が消滅したりするはずなのに。霊的世界ですら活動しなかったら、消滅してしまうというのに、ここは一体どうなっているんだ？？』

アロウ「にぃちゃん、なにへんてこな事ばっかり言ってんのさ？」

ＥＯ『いや、僕らが学んだかぎりでは、生命や意識、いや、つまりこうして君と僕がいるということは、それぞれに、何か必ずやることがあるんだ。たとえば、僕は肉体に戻ると、食べたり、排泄したりする。君にはわからないだろうけど、僕という管の中を別の形の物質が通り抜けるんだ』

アロウ「そんなことのどこがおもしろいの？」

ＥＯ『別におもしろくないさ。ただ、それをやらないと、苦しむんだ。そんなふうに存在は、常に、何かやるんだ。だから、君がいつもやることって何かあるかい。それをやらないと落ち着かないっていう事だよ』

アロウ「動いても、動かなくても、別に変わらないよ。
　　　それにオチツカナイって、なんの事なの？？」

ＥＯ『でも、君はついさっき、どこが［面白いの？］って質問したよね。つまり、
　　　君には苦痛はなくても、面白いという感覚はあるのかい？』

アロウ「にぃちゃんだよ」

ＥＯ『え？？』

アロウ「にぃちゃんの存在だよ。僕が唯一、おもしろいって思うのは。
　　　にぃちゃんとか、そのへんてこなブッダとか、ラオツーとか、チャンツー
　　　とか、へんてこな名前の真っ黒けの人がいっぱいここへ来たけど、僕は
　　　それが一番おもしろいんだ。それを見るために僕はこの町にいるんだ」

ＥＯ『て、いうことは、地球の時間で君は4000年はここにいるわけだ。
　　　いや、すまん、今のも独り言だよ。
　　　それよりも、その他の人達はどうなんだい？？面白くないのかい？』

アロウ「どうってことないよ。この町のみんなのオモシロイ事って言うのは、
　　　こういうことなんだよ。」

アロウは突然、バラバラの光の線になった。そして鋭く尖った円錐に形になると、
物凄い速度で真っすぐ飛んでゆき、空中で青い火花を散らした。
次に、90度のジグザグを10回繰り返して飛行して、
また火花を散らして、帰ってきた。

アロウ「どう？？おもしろい？？」

ＥＯ『何してたんだい？』

アロウ「ふっ飛ばし、、っていうゲームだよ。相手にぶつかるんだ。
　　　　形が壊れなかった方が勝ち。壊れても別の形になって、またぶつかるんだ。
　　　　そんで、相手をふっ飛ばす。で、直線じゃおもしろくないので踊るんだ。
　　　　いろんな飛び方で。
　　　　すると、自分が動くときに変な、おもしろい感覚がちょっぴりあるんだ。
　　　　でも、僕は、もうそういうのが、ちっともおもしろくない。
　　　　つまらなくもない。もう興味がないんだ。それよりも僕はにぃちゃんみた
　　　　いな、真っ黒けの人達にもっと会いたいんだ」

ＥＯ『さっき、ふっ飛んだり壊れた人達はどうなるの？
　　　君はふっ飛ばされたことはあるの？』

アロウ「知らないよ。ふっ飛ばされたらどうなるかは、ふっ飛ばされないとわから
　　　　ない。それにその人がどこへ消えるのかも、どうなるのかもわからない。
　　　　ふっ飛ばされる人が面白いのか、どうなのかも僕はわからない。
　　　　ただ、この町のみんなは、よく「ふっ飛ばしゲーム」をやっているよ。
　　　　ここへ、別の町からふっ飛ばされて来る人もいるらしい。
　　　　でも、僕はここから出たことはないから、
　　　　よその世界は知らないし、興味ないんだ」

ＥＯ『そのゲームは誰から教わったの？』

アロウ「覚えていないよ。いつからか、みんながやってたんだ。
　　　　でも、いつ、やめたかは覚えているよ。
　　　　プハーリック博士が、それはやっちゃ駄目だよ、って言ったんだ。
　　　　僕は、よくわからないんだけど、それをやると、
　　　　宇宙とか時間とか、次元とか、銀河系とか、星とか、世界とか、
　　　　なんだかそういうものが、どんどんと壊れるって言ってた。
　　　　壊れるだけじゃなくて、生まれるとも言ってた。
　　　　ただ、とにかく、それによって、「クルシム人」がいるって言ってた。

　　　　そうだよ。思い出したよ。にぃちゃんがさっき言ってた、
　　　　「クルシム」って言う言葉はプハーリック博士がよく言っていた。
　　　　でも、僕にはなんの事かわからないので気にしなかった。
　　　　ただ博士が、あのゲームは駄目だよ、って言ったからやらなくなったんだ」

ＥＯ『なるほど、どうやらこの町の君たちは、高次元生命体ってやつらしいね。
　　　　いわば、君らの動きひとつで、宇宙がどうにでもなってしまうわけだ。
　　　　君のたった一歩の動きが、何万もの恒星群の流れを支配し何億年の時を
　　　　支配してる、というより、影響しているわけだ。
　　　　この町は、いわば宇宙活動の根本的な化身なんだ。ということは、
　　　　この町に定期的に、やってくるなんか偉そうなやつがいるだろう？』

アロウ「ああ、いるよ。神っていう、へんてこな形の人だ。
　　　　アイン・ソフ・オールとか、呼ばれることがある。」

ＥＯ『絶対無限光というやつだ。こんなところで、会えるとはな。
　　　　ところで、アロウ、そいつは、今度いつやってくる？』

アロウ「あそこに塔があるでしょ。あの塔の光が紫になった時だよ。
　　　　今、青だから、もうすぐだよ」

ＥＯ『そいつが来たら、僕を呼んでくれ。もうすぐ地球の肉体に戻る時間だから、
　　　　今日はもうお別れだけど、そいつが来たら、かまわず僕を呼んでくれ。
　　　　ＥＯの前に＊＊＊っていうパスワードをつけて僕を呼べば、
　　　　君とつながるからね。たのむよ』

1993＊11/20　朝10:00。私は肉体に戻った。
そして、神<u>とやら</u>との対面は、3日後に起きた。

　　　　　　　　　・・・・・・・・・

気がめいるほど馬鹿馬鹿しい会見は結局、こうなってしまった

アロウに呼ばれて私は再び肉体を離脱して、この奇妙な町にやってきた。
アロウのそばには、私には地球では「犬」として認識されるところの生物が「逆さまに」立っていた。

犬『ワタシニ会イタガッテ　イルノハ　君カネ？』

ＥＯ『なんだ、この逆立ちしたワンコロは？」

ワンコロ「逆立チ　ヲ　スルト　私ハ　イヌ　ニ　ナルノダヨ」

ＥＯ『じゃー、逆立ちしないと何になるんだ？』

ワンコロ「こうさ・・」

そいつは眩いばかりの放射物になった。
あまりにも眩しいので、私はアロウの陰に隠れた。

ＥＯ『おい、・・その変な特殊効果の演出をやめてくれ。
　　　もう一回逆立ちしてワンコロに戻ってくれ。
　　　これじゃ、放射線で、まともに話も出来ないからな・・・（ＧＯＤ）君よ』

そう言うと、そいつは、再びワンコロ（ＤＯＧ）になった。

＊＊＊＊＊＊＊＊　造物主との対話　＊＊＊＊＊＊＊＊

犬「また君かね。君はあちこちの宇宙へ行っては、
　　そのシステムを錯乱ばかりさせているようだな」

ＥＯ『錯乱しているのは、お前さんの方じゃないかね？』

犬「どこがだね？この宇宙は見事に管理運営されているではないか？」

ＥＯ『例えば、私の惑星には会社というものがある。お前が知っているかどうかは
　　　知らないが、その会社というのは、集団が組織的に相互依存して、
　　　我々の肉体の生存を管理するためのエネルギーを得るところだ。そして､､』

アロウ『にぃちゃん、それなんの話？？』

ＥＯ『そうだな。つまり、この間、君に話したように僕らは生存、
　　　つまりこの存在を維持するために、別の物質を体に吸収するんだよ。
　　　僕らの体、存在は、そのまま存在していると、エネルギーが足りなくなるんだ。
　　　だから、それを補給するために物質を捜し出して食べるという行為があるん
　　　だ。でも、それは常にそうしていなければならない。
　　　そこで、僕らの町では、そのエネルギーをためておく事が出来るんだ。
　　　それはお金とか、冷蔵庫の中の食べ物とか、小切手とか、
　　　いろいろな名前で呼ばれるけれど、
　　　結局は僕らの生存のためのエネルギーに最後には変換されるんだ。
　　　それを一人ではなくて何人かでやるのを会社とか社会というんだ』

アロウ『ふーん。僕には、さっぱり、わかんないな』

犬「そんな話と私の宇宙とどう関係するというのだね？」

EO『寝ぼけるんじゃないよ、わんころ君。たとえば、そういう会社があるが、
そこで活動する社員と呼ばれる者たちは、朝っぱらから
「いかにこうして労働することが正しく、またそうすることで君達の欲するそのエネルギーが得られるのだ」と説教されて、一日の労働に従事する。
会社の内部の人間は、誰もがその労働を正しいと思い、またその労働によって報酬があるからそうしている。
だが、たったひとつの盲点がある。それは、
［なぜ、そもそもその会社が存在する意味があるか？］
という質問には回答が全くないのだ。
たとえば、衣食住に全くなんの貢献もしない無数の産業が地球にはある。
全く、生存の為だけには、なくてもいいような職種だ。ところが、その中に入れば、そこで労働に従事することが当たり前になり、そしてこの「基本的な疑問」は忘れられる。すなわち、そんな会社がそもそも必要かどうかだ。
我々の惑星地球では、貨幣制度があるために、直接的なエネルギーではなく、
そのエネルギーと交換出来る保証書が貨幣と呼ばれる。
実際には、全体的な食糧供給が減っていても、その貨幣があればなんとかなると馬鹿な思い込み違いをしたりするものだ。
ところが、その思い込み違いのせいで、衣食住になんら関係のない産業でもなんでもいいから、その貨幣という単なる保証書や、預金という、
ただのデジタル数値を増加させるために、無数の無駄な産業があるのだ。
さて、そんな本質的に全く無駄な産業の会社を一歩出たら、
そして覚めて考えたら、疑問はこうだ。
そもそも、その中にいるときは、意味があると思っているが、
はたして、この産業そのものになんの意味があるのか？

さて、この同じ質問をお前さんに突き付けてみようじゃないか？
全宇宙は存在し、それを維持し、生存することは、
そこに棲息するどの生物にも共通の営みだ。
しかし、そもそもこの宇宙という産業、この会社が存在するということに、
そもそもいかなる価値や義務、目的、があるというつもりか？

すなわち、一言でお前のような犬はその存在価値を損失する。
　　　それは、この一言だ。

　　　［宇宙など、別になくてもよかろう］

　　　そこにすでに棲息してしまっている者たちは、棲息を当たり前として知覚し、
　　それを維持するために、我々のようにエネルギーを補給し続けなくてはならな
　　い。しかし、この営み全体に、そもそも、いかなる意味があるというのかね？』

犬「別に意味などないさ。ただの動きだ。ただの暇潰し。
　　すなわち、無限の無に私は飽き飽きしただけだ。だから、万物を作った」

ＥＯ『ちょっと待った。・・・・
　　　地球の物理学者、および神学者の誰もが、
　　　ある限界点にぶちあたるのを知っているはずだ。それはこういう疑問だ。
　　　ビッグバンでもなんでもいいが、そういう事から宇宙が始まったとしよう。
　　　仮にそうであったとして、、さて、
　　　1,その最初の点のような質量はどこから生まれたのか？
　　　2,それが炸裂した要因はどこからやって来たのか？
　　　その質量の内部に生まれたのか？外側からか？その目的、意図は何か？
　　　爆発は何を目的あるいはきっかけとしているのか？
　　　この二つの質問にあんたは答えられるのかね？』

犬「言うまでもなく、最初の質量というものを、物質だと仮定しなくてもよかろう。
　　それを仮に意識点としてもいいわけだ。
　　そして、すべては夢のような世界だったと」

ＥＯ『こらこら、ちょっと待った。夢というものは情報だ。
　　　その情報もまだ存在しない、一点の停止した宇宙に夢の話などを持ち出すな。
　　　私が質問しているのはその意識点はどこからやってきたのか？
　　　そしてやってきた根源はどこか？
　　　さらに根源の根源はどこにあるのか？と、無限の問いを言っているのだ』

犬「無の中に突然に生まれたのだ」

ＥＯ『お前、、、馬鹿か？？？
　　　無の中は何もないのだ。何もないところから生まれるわけがなかろう』

犬「いや、私はよく知らんのだ。私が生まれたとき、既に私は前の宇宙の記憶を
　　もっていた。それを組み合わせて現在の宇宙を作ったのだ。
　　私は私の発生については、なんの記憶もないのだ」

ＥＯ『ならば、結局この宇宙は何代も何代も続いているわけだな。
　　　では、その最初のやつに会いたいものだ』

犬「それは不可能だ。最初の絶対存在者は既に存在しない。
　　それは君達が君の先祖には直接会えないのと同じだ」

ＥＯ『では宇宙の原初の発生には、なんの記録もないわけか？』

犬「たぶんな」

ＥＯ『私の推論によればだが、宇宙は最初は存在でもなく、無でもない、
　　　ただの質量の存在そのものだったはずだ。つまり、無というものはない。
　　　最初から全部が存在そのものだ。
　　　だが、それはただの存在であり、誰もそれを認識する事は不可能だ。
　　　そこに認識としての意識が投影された途端に、存在という意識が発生するが、
　　　存在という意識が発生するためには、無という意識が必要になる。
　　　「ある」というのは『ない』という意識を必要とするからだ。
　　　そこで、絶対の有の意識と絶対の無の意識に意識が分裂した。
　　　そして宇宙は回転を始めた。しかし、、疑問は続く。
　　　その最初の絶対の存在性の質量の海はなぜあったのか？
　　　次に、その海を二つの渦に分裂させた意識とはなんなのか？だ。
　　　そんな最初の質量の海も、そしてそれを二分する存在と無の意識も、
　　　そもそも必要ないではないか？？？どうなんだね？？』

犬「そいつぁー、私の管轄ではない」

ＥＯ『ならば、あんたは別に創造主じゃない。
　　　ただの［宇宙という国家の歴代の大統領の一人］にすぎない』

犬「そういう事になるな。で、君はどうするのだね？」

ＥＯ『最初の質量を体験したいだけさ。
　　　別にこの場に及んでその意義だの意味だの目的など、どうでもいい。
　　　ただ、その発生の原点の意識や質量がそもそも存在していた、
　　　物質や認識や時間のない地点を体験してみたい』

犬「その件についてならコメントできるが、
　　その認識は不可能だと君は持論で結論したではないか？
　　つまり、発生の中心は、認識は絶対に不可能だと。ただ、それであると」

ＥＯ『それは人間という限定された意識の到達する最後の極限、すなわち悟りの事
　　　にすぎない。私が言っているのは、悟りそれ自体の意識の発生点だ』

アロウ『にぃちゃん、無駄だよ。にぃちゃんがしゃべっているそれは、
　　　　宇宙の中心じゃないよ。それは次元の番人なんだよ。
　　　　それに、にぃちゃんは、そのままいくと、トリックにひっかかるよ。
　　　　だって、在るとか、ないとか、存在とか、無とか言うけど、
　　　　にぃちゃんが生まれてこのかた、
　　　　もしも何かが存在するものを全然見たことがなかったら、
　　　　［何もない］という意識も起きないと思うよ。
　　　　何もないのが、ただ何もないのなら、何もないという区別は生まれないよ。
　　　　逆に在るという場合も、それが以前には、
　　　　なかったという状態を知っているから、在ると言うんだよね。
　　　　だから、宇宙があるとかないとか言った瞬間に、
　　　　もう二つの世界が始まってしまうんじゃないかな。
　　　　この事はプハーリック博士が教えてくれたんだけどね』

ＥＯ『なるほどな。それはそうなんだけどね。・・・
　　　ただ、僕の知りたいのは、宇宙の最初なんだ』

アロウ『にぃちゃんの言う事聞いていると、まるで最初がなくっちゃいけない
　　　　みたいに言うんだね？最初というのはなければいけないものなの？』

ＥＯ『アロウの言いたい事は分かるよ。
　　　つまりもしも円があったとしたら、それは、
　　　どこが始まりとか終わりとか言えないって言うことだろ？
　　　でも円そのものは今度は外と内側という二つに分けられてしまうんだ。
　　　もちろん、それは人間や生物の場合だよ。
　　　何かを見ると僕らは必ずこうやって二つにしてしまうんだ。
　　　僕は地球にいる時にはそれをやらない意識として存在しているんだけど、
　　　ただし、宇宙のほとんどすべてが、何事も二つのものに分けられているんだ。
　　　その一番大きな原因は、二つに分けないと活動というものは起きないんだよ。
　　　それを人間が二つと呼ぶか呼ばないかにはそれは関係ないんだ。
　　　僕らが利用している電気もそうなんだ。
　　　それはたまたまプラス・マスナスに名付けたから在る、というものじゃなくて、
　　　事実その二つは性質が固定されているんだ。
　　　もちろん、それは元々はひとつのものが別れたものだろうよ。

　　　そこでね、アロウよ。
　　　こうした二つに分ける最後の最後の「究極のふたつのもの」とは、
　　　宇宙が在るのか無いのかという、存在と無の根本問題になっちゃうんだよ。
　　　そしてそれは厄介なことに、実は実体として在るとかないの問題ではなくて、
　　　それは我々の意識に発生する問題なんだ。

　　　たとえば、ほら、さっきあの犬が放射線を出しただろう。
　　　僕らは地球では目というものを持っている。
　　　でもその目というものは、なんでも見られるわけじゃないんだ。
　　　例えば物凄い光を見たら、僕らの目は壊れてしまうんだ。
　　　そんなふうに僕らの知覚は無限じゃなくて、範囲が決まっているんだ。

　　　　音だってそうだし、なんでもそうだよ。
　　　　僕らは本当に狭いものしか知覚できない。
　　　　するとね、こういう事になってしまうんだ。

　　　　僕らは僕らの制限された知覚に映らないものを、
　　　　無とか「無い」と呼んでしまうんだ。
　　　　たとえば、僕らが真っ暗な部屋に閉じ込められたら、
　　　　息はしているけど周りに何もないと思う。
　　　　でも、目に見えないけど空気もあるし、いろんな空気中のガスもある。
　　　　無いと言っても、無いわけではなく、ただそう見えるだけなんだ。
　　　　僕らは夜になると、静かだと言うけど、
　　　　たぶん昆虫たちはいろんな音を聴いているんだ。
　　　　だから、あるとかない、というのは、
　　　　僕ら生物の知覚に映るか映らないかの問題にすぎないんだ』

アロウ『そうすると、にぃちゃん、この宇宙には［無い］とか無なんて
　　　　　在り得ないかもしれないよ。全部が存在かもしれないよ。
　　　　　もしも誰かが宇宙の果てへ行って無を体験したとしても、
　　　　　それは本当はそこには何かがあったのかもしれないよ』

ＥＯ『僕はその無へ行ったんだ。疑似的なバーチャルリアリティーとしてだけどね。
　　　だけど、そこでは対象は問題じゃなかったんだ。そこで消えたり無になったのは、宇宙じゃなくて、僕の意識そのものだった。
　　　それが本当の意味での無だと思うよ。世界があるかどうかじゃなくて、知覚する者そのものが消滅するということだよ。
　　　そこでね、その知覚する者そのものも消滅して当たり前だと僕は思ったよ。
　　　だから、僕が疑問なのは、物体や次元としての外部の宇宙の事じゃなくて、それを見ている僕の意識の発生についてなんだ。
　　　宇宙なんか、全部が実は「ただの夢」だったとしても別にそれでいいんだ。
　　　そうじゃなくて、その夢を見ている意識がそもそもなぜ在るのかなんだ。
　　　たぶん、宇宙意識は試行錯誤して、何かを知覚して経験しようとしているらしいということは多くの宇宙人が言っていたよ。

つまり宇宙が自分を見ようとして、その結果、
　あたかも宇宙を創造しているという「夢」が開始されたとね。
　しかし、どうして宇宙はそのまま何もしないでいられないのだろうか？
　アロウは、実際何も世界を見なくても、退屈もしないし、
　無の知覚に飽きることもないんだろ？』

アロウ『にぃちゃん。そうじゃないんだよ。
　　　　僕は無の知覚に飽きないんじゃなくて、
　　　　そうじゃなくて、、
　　　　<u>無の知覚こそ、飽きないものなんだよ</u>』

その時、突然に犬の姿であった放射物が黄金色に輝いた。

そして次の瞬間、町は消えた。

そこに在るのは、ただただ、闇ばかりだった。

それは無限なのかも分からない。

もしかしたら僕ら二人は、どこかへ閉じ込められただけなのかもしれない。

だが、とにかく真っ暗な無に見える世界に、私とアロウだけが残された・・。

　　　　　　・・・・・・・・・
　　　　　　　・・・・・・・・

ＥＯ『アロウ。・・・始まりの始まりって、なんなのだろうか？』

アロウ『終わりの終わりさ。・・・・・　　ワカラズヤ　ノ　ボウヤ』

第3章／うっとおしい地球人との生活編

怒りを静めるセラピストは結局こうなってしまう

こんな話を聞いた。アメリカで家庭内暴力をやらかす子供のために、
感情をコントロールして、怒りを押えることを教える教師が流行っているが、
その『怒りの押えかたを教える教師』が人手不足だと言う。
そりゃそうだろう。
そこで何が起きているかは、馬鹿でも分かるさ。

『このクソガキが！！！何度同じ呼吸法を教えたら気がすむんだ！！
このボケが！ちゃんと、ゆっくり呼吸しなってんだよ！！
そうすりゃ、怒りはおさまるんだ。この馬鹿が！！‥』

‥‥と、その教師の息は荒かった‥‥。

＊＊＊＊＊＊＊＊＊＊＊＊＊＊＊＊＊＊＊＊＊＊＊＊＊＊

地球人の目ざわりな動作
耳ざわりな雑音について語ると
こうなってしまう

この惑星で、私が奇妙に思ったのは、よく親たちが子供に言う
「人の目を見てちゃんと聞きなさい」という言葉だった。
だが、私は一度もそのように言う人達の目を見たことがなかった。
なぜならば、そのように言う人達の目は、怒り、軽蔑、押し付けに満ちており、とてもわたくしが見るに耐えない醜い目だったからだ。わたしは彼らのその目を見ると私より30も年上の彼らを、むしろ、あまりに不幸なので、哀れむようになった。

人の目を見て聞くなどというのは、本来「ありのままに聞く」ためには必要のないものだった。私はよく宙をぼんやり見て、他人の話を聞いたものだ。あるいは目を閉じて聞いたものだ。そんな時には私は一句一句、その者がなぜそのように言うか、どれが嘘かを極めて明確に感じとるのだった。私はむしろどんな者たちよりも、話し手のことを全面的に聞いていた。そうして分かった事と言えば、
その者たちは常に自分が話したいから話すのであって、自分で自分を楽しませたりするために話すのであり、また、自分の落ち着きのなさからイラだってしゃべるのであり、決して聞き手の『必要』を見定めて話すのではないという事実だった。
聞き手にとって必要かどうかを最優先して話すのが、本来の話す者の礼節だ。
なぜならば、聞き手は、その言葉に聞き耳を立てるために自分の時間を使うのであるから、話し手は聞き手にとって価値のある話をするのが礼儀というものだ。
常に話し手は聞き手の事だけを全面的に思うのでなければならない。なぜならば、話し手が自分の勝手なおしゃべり、勝手な習慣的な「発作」としておしゃべりをするのであれば、そこには、聞き手は必要ないからだ。
それならば、そこに必要なのはそのおしゃべり猿の相槌を打つ猿だけでよい。
よく世間には意見を求めているのではなく、同意を求めるようなタイプの者がいる。
これらの者たちには、共通する言葉づかいがある。
語尾に「ね」と「な」と「だろ」が、連発されるのであった。
「・・ナ！」「・・ネ！」「・だろ？」
これらは同意を求める言語である。

同意を強要、または期待することから生まれる強調である。
だが、こういうタイプの人達を試してごらんなさい。
つまり、何か言ったら訳もなく「首を横にふってみる」のだ。
彼らは途端に不機嫌になる。
彼らは意見というものを受け取るような知性はなく、ただ「そうだ」と言って
欲しいだけである。こういうタイプを相手にするなかれ。
したがって、あなたたちは、ほとんど誰も相手にする必要はない。
世間はこういう猿の群れなのだから。
私はよく、たずねて来る人に向かってこういう。
『あんたが私の言葉を理解出来るのは、あと30年かかるよ』
あるいは『あんた、ほんとに馬鹿だね』などと私はなんの根拠もなく言う。
私が本当に着目するのは、そう言われた時の彼らの「反応」だ。
その反応パターンによって、私はその者を振り分けていた。

私の軽蔑や、そしりの言葉に対して、知性ある者は、こう問うはずだ。
『どうしてまた、30年という年月が必要と判断されたのですか？』
これが知性のあるべき応対だ。
何をもってして30年の歳月と言うのかの根拠に、彼は純粋に知的な「好奇心」を持つ。

だが、私を訪れる者のほとんどは好奇心ではなく、私から馬鹿だと言われた瞬間に、
反射的に「なんだと？そんなことはない。第一、お前は私より20も年下の小僧だ。
世間や人生のことなど私の方が知っている」
という思考が発生し、彼らはそれに取りつかれ、
つまるところその後どうなるかと言えば、意見を求めるのではなく
彼らは「<u>自分はいかに馬鹿ではないかの、言い訳、主張を始める</u>」のだ。
だから、そういうタイプの人達には、こう言ったものだ。

『そんなに知っているなら、何も私を訪ねてくる必要もなかろう。
私より20年老いているなら、私より20年、早く死ぬということだ。
帰って成仏なさい。』

知性が本当にある者は決して論点を逃さず、落ち着いている。
一方、知性のないものは、ただの言葉の刺激だけによって、いとも感情的に動揺し、
虚栄心を剥き出しにし、そして侮辱に対しては激しい怒りにつっ走るものである。
かつて、はるばる私を訪ねてきた大学教授、心理学者、博士号をふりかざした教授
ども、大学の医者、心霊家、セラピスト、大僧侶と言われる坊主ども、
日頃、他人にヘイコラと頭を下げられている誰もが、私にとっては常に
『耳ざわりで幻想的な馬鹿話』をする『知ったかぶりの大ボラ吹き』の
ただのチンパンジーだった。

こんなわけで、世の中には、意見でなく、同意を強制する者ばかりだ。
最初から聞く耳も持たないくせに、
ただ体裁上、他人に意見を求める「ふり」をする者を相手にしてはならない。
そういうタイプの人達が私を訪ねてくると私は、途中でこう言ったものだ。

『拍手しましょうか？それともあなたの頭をナデナデしましょうか？』
というのも、
彼らは意見を交換するのではなく、ただ同意してもらいたいという子供っぽい動機
だけでおしゃべりをするからだ。
だから、私はそんな、おしゃべりをとっとと打ち切るためにこう言う。
『最初から拍手して、あたまナデナデしましょう。そうすりゃ、
あなたの最初から望んでいる結果がさっさと成就するから、無駄話も必要ない』

こういう訳で、この惑星に生まれてから何度となく、ここの猿たちの奇妙な習慣を
私は見て、
そして猿たちに育てられたが、いっこうに私は猿になじめずにいた。

そんな奇妙な猿の習慣の中で、私にとって最も興味深かったのは『うなずく』
という動作だった。

さて、これはどうも世界の猿が共通にする動作だった。無言で同意や承諾を表す
ために『うなずく』のだが、これは観察するに実に奇妙なものだった。

なぜならば、同意、承諾、理解というものは、
何も首を振らずとも「イエス」か「ノー」かの口頭で済むのであるから。
にもかかわらず猿たちがしきりに『うなずく』のを見て、
私はこれはどういう習性なのかと観察した。
実に、わかったことは無数にある。

第1に、
「大きくうなずく者」は、私の話を理解しているのではなく、
私の話の内容と彼らの意見が単に一致したにすぎないということだった。
つまり、それは単なる両者の一致の合図に過ぎず、そこにはなんらの正しさもない。
つまり話の内容が「正しいからうなずく」のではなく、たまたま聞き手の「意見に合致したとき」に「うなずく」のである。したがって、大きく相手がうなずくときには、たまたま、そいつは意見が私と同じだったのだろう、という事になる。
ところが世間の猿ときたら、相手がうなずくというのは、話してる自分が「正しいことを言っている」などと思い込んでいるようだ。これには私は苦笑したものだ。
だって、泥棒三人、あるいは人殺し三人が、これから、平和な、どこぞかの家庭に押し入る密談をしているときにだって、その三人はちゃんと「うなずいて」いるのだからね。

二つの国の内部の国民はそれぞれに別々に一致団結して「うなずく」。
「うなずく」・・だからといって、正しいのだろうかね？
なぜなら、その後で起きる事と言えば、その二国間の20年にもわたる殺戮、戦争だ。
20年国内では「うなずき」、相手国には「首を横に振り続ける」のだから。
故に「うなずき」と「正論」との間になんの関係もありはしないと記憶しておくとよいだろう。つい他人の同意に、心地よくなるような者がほとんどだからだ。

さて第2に、
「小さくうなずく」場合。これは笑えるものだ。
というのも、実際には全く自分に理解できない会話が進んで行く時、猿たちは「わかったふり」をするために、小さくうなずく事がしばしばあるからだ。こんな時には実際には聞き手は、なんにもわかっていないと断定してもよかろう。

聞いているのでなくとりあえず、話の路線をやりすごすために
わかった「ふり」をするために首を振り振りしているだけだ。
そんなときに相手に「わかりますか」と聞いてみなさい。
答えはいつもこうだ「う・、うん、なんとなくわかる」。
これは事実上は、まったくわからないと言っているようなものだ。
「単に、わかろうとしている途中で混線している」ことの証拠だ。
ということで、小さくうなずく者は理解していない。

3番目に、

「小刻みにケイレンしたようにうなずく者」。
これを見たら、早々にその場を引き上げて家に帰るとよいだろう。
ケイレンしたような小刻みな「うなずき」をする者は、
もうとっくにこちらの話など聞いてはいない。
彼らは自分の頭の中の世界にどっぷり酔っ払っている。
彼らはもう聞いていない。もう彼らは自分の頭の中でしゃべっているだけだ。
「そうだそうだ、まったくだ。まったくそうだ。だから、ほら、俺は正しいんだ」

こういう訳で、、
猿たちは、よく「うなずく」ものだ。

同意を表す動作は何も首を振らなくても全くよいのだが、
どういうわけか、さらにそれは「縦に振る」という習慣があるようだ。
ＹＥＳの時に横に振るという民族がいてもよさそうなのだが、
どういうわけか、いない。
推測するに、これはどうも縦に「コックリ」とうなずくのが<u>最も楽である</u>という<u>生物学的な原因</u>によるようだ。だから、一方拒否を表すときには緊張して意図的にならないと、首を横には振れない。これは生物学的な原因だ。
地球の猿たちがその構造的原因で、他者を受け入れるという「リラックス」状態が
自然に首をコックリと縦にうなずかせるのだろうが、それにつけても、
別にそんな動作は必要あるまい。
「ウム」とでも口で言えばいいのだから。

しかしながら、不幸な事に、この惑星の子供猿は、
親から強制的に「うなずく」あるいは「返事をする」ことを強要されて育つ。
子供も数日もしないうちに、聞いていようがいまいが、わかろうがわかるまいが、
とにかく、首を縦にふってりゃ、うっとうしい馬鹿な親の説教が早く終わるという
ことを覚えて、とにかく首を縦に振ることを覚える。
こうしてこの動作は理解を表明するためではなく、
さっさとくだらない会話が終わるのを助ける動作として子供は覚える。
かくして、この「首振り運動」は、いい年こいた大人になっても続き、
さらに老いて死ぬまで続く。
社会的な体裁と挨拶と偽善の動作としてのこの習慣は日常当たり前のものとなった。

さて、ところがわたくしは、このうなずくことも出来ず、また「返事」すらも
出来なかった。私は聞くことが必要な時には、あまりにも全面的に聴き入るので、
首を振る暇も相槌を打つ暇もなく、意識が目覚めている。
だから、よく職場では仕事の説明をされているときには、私はうなずきもせず、
途中でも口を挟まない。そんなわけで相手はよく「わかりますか」と聞いたものだが、
そんなときには『どうぞ、最後までお続け下さい』としか私は言わない。
終始私は、うなずきもせず「はい」とも言わない。その代わりと言ってはなんだが、
相手の矛盾した論点については、最後にまとめて指摘するようにしている。
こうすれば、別に、いちいちうなずいたり、いちいち返事などしなくても、
最初から最後まで私が聞いていると、そのうち自然にわかるだろう。なぜならば、
聞いていたか、いないかは、最後に正当な質問が出れば歴然としたことだからだ。

そういうわけで、この「うなずき」の猿たちの習慣にはとても私はなじめず、
日に日に、首が堅くなってゆくようだ。

話は違うが、
私の本当の門下たちは、殆んど、うなずかない。
しかも、彼らは私が意見を求めない限りは、彼らから私見を述べるようなことは、
あまりしない。しかも、彼らは私の話を聞いてもいない。
というのも、私は彼らによく言うからだ。

『私の話は聞くな、覚えるな。ただいろ。ただ聞こえるままにまかせること。
言葉を理解する必要などないし記憶する必要もない。
いわんや、それについて、自分の経験と照合して考える必要もない。
私があなたたちに教えているのは話の内容ではなく、話の聞き方そのものだ。
在り方そのものだ。存在の仕方そのものを教えているつもりだ。
だから、聞く必要さえない。そこにただ、純粋に存在して意識があるだけで充分だ。
その在り方、「居かた」を私は説いているだけだ。
すべての答えはその中にあるのだから。それは内容にあるのではなく、
あなたたちの存在の仕方そのもののなかにある。
私は理解を求めないし、何もあなたに記憶させたくない。
また、よく私に聴き入ることさえも、させたくない。
なんならば、話の途中で帰ってもよい。もう私の話など聞かなくてよい。
それは実際には聞いていなくてよいのだ。ただいて、状況を味わうだけでよい。
だから、私と論議など必要ない。情報交換ぐらいはあってもよいだろう。
だがあなたたちと論じるつもりはない。
あなたがたは自分がしゃべるためのきっかけに他人を利用してはならないし、
また、他人がしゃべっている時に黙っていても、
<u>それが次のあなたのおしゃべりの為の準備や待機であるような沈黙はよくない。</u>

よく私が「そんな質問は後でまとめてしなさい」と言うと、

彼らは「今思い付いた時でないと、言わないと忘れてしまう」と言う。

私はよく言ったものだ
『そんな忘れてしまうような質問には、質問の価値はない』

・・・・・・・・・・

人類という猿と荘子が出会うと
こうなってしまう

［現代編・荘子物語］

『葬死(そうし)』

猿が言った。
猿「もう、うちのボスが死んで3年でさぁー。今年は盛大に弔いの儀式をやるから、
　　だんなも、いかがですか？」

荘子『それは結構なことだが、なんで3年なんだ』

猿「習わしっていうもんでっせ。3年の次は7年。まぁー、昔から3や7っていう
　　数そのものに重要な意味があるんでっせ。
　　だんな「そんな事」も知らないんですかい？」

荘子『そうか、では、30年後、70年後も盛大にやるのか？』

猿「ええ、だんな」

荘子『では、300年後も、700年後も盛大にやるのか？』

猿「あっしは当然そのころ生きていませんが、多分やるんでしょうね」

荘子『では、3千年、7千年後もそれは盛大にやるんだろうな、猿よ』

猿「だんな、そんな先はどうなるか分かりませんよ」

荘子『じゃー、3万年後、7万年後は、もっと盛大にやるんだろうな、猿よ』

猿「だんな、そりゃ、言い過ぎでっせ」

荘子『お前は、数が重要だといったろうが、、だから、
　　　重ねて聞くが、
　　　3億年後、7億年後は、さらにもっと盛大なんだろうな、おい猿よ』

猿「だんな、そんなこと、あっしの知ったことじゃありませんよ」

荘子『ほれ、お前も「そんな事」は知らないんじゃないか』

＊これを聞いた猿は、呆然として我を忘れたという。

　　　　　・・・・・・・・・・・・・・・・・・・・・・・・・

『草姿(そうし)』

いつものように、その猿は荘子にあれやこれやと自分の自慢話をしていた。

さんざんしゃべったあと、猿はニヤリと荘子を見て黙った。
どうも荘子に「すごいね」とか「へぇーっ面白い」と言って欲しいというわけだ。
しばらくすると荘子は言った。

荘子『日ごろ私は、ただ座ったまま一日を過ごしていても、
　　　いっこうに退屈することなく、幸せに日々を送っていたのだが、
　　　お前さんの話を聞いて、その、あまりのつまらなさに、
　　　久々に退屈というものを味わわせていただいた。礼を言うぞ、猿よ』

猿の顔が硬直した。
しばらくすると、そのうち、もっと硬直しはじめたので、荘子は言った。
荘子『なんだ、お前さん何を怒っておる？？私はお前の話がつまらない、
　　　と言ったので、お前がつまらない、とは言っていないぞ。

私はお前の話が実にくだらない、と言ったまでで、お前そのものを悪いとも
　　　言っていないぞ。話がくだらないのであって、お前をくだらないとは言って
　　　いないぞ。 なのに、なぜ、お前は怒るのだね？
　　　そんなふうに、いちいち何か言うたびに、いちいち、何かやるたびに、お前
　　　さんは他者から自分が面白い猿だと思われようだの、つまらないやつと思わ
　　　れまい、悪く思われまい、などと神経をすり減らして毎日を暮らしている
　　　のかね？だとしたら、なんとも実にあわれなやつだ』

これを聞いた猿は理屈は分かるものの、我慢がならず、口をへの字に曲げた。
荘子は言った。

荘子『こんな話がある。ある猿が毎日毎日大切に手に植木を抱えていた。
　　　日が陰れば、鉢をもってあちこちウロウロ歩き、
　　　他の猿に「植物を愛するのは大変な苦労だ」と言っていた。
　　　さて、ある時、私はその猿を見ていた。
　　　猿が麦をつくたびに、その粉が植木にかかり、木葉が苦しそうにしておった。
　　　だが、いつそれに気がつくかと私は３ケ月を待って見守ったのだが、
　　　とうとう植木が枯れはじめそうになったのでそのことを猿に告げた。
　　　翌日からその猿は麦を風下でつくようになった。
　　　ここまではよかったのだが、ある日、その猿を見守っていると、
　　　近くの山の水を植木にやっているのだが、
　　　私はその山は岩塩が多い水で植物にはあまりよくないと知っていた。
　　　そこで、水は雨水をためたものがいい、と告げたのだが、猿はこう言った。
　　　「あんた、俺の育て方に文句あるのかい。第一これは俺様の鉢だ」
　　　私は言った。
　　　『見てごらん、この山には小さな草は生えども、木がないであろう。
　　　近くの池には魚もおらぬ。この付近の水はよろしくない』
　　　そんなわけで、猿は川や雨水を使うようになった。

　　　それからしばらくして、日なたに鉢をおこうとする猿を３ケ月見守ったが、
　　　猿がそろそろ聞き耳を静かに立てる時期も来たと見て、私は言った。

『自然の光は目でみるよりも遥かに多くの恵みをもっておる。
曇りの日になぜ、外へ出してやらないのかね？
草は曇り空に文句は言わない。
晴れも曇りも雨も等しく草や木々は仲良く付き合っている。
差別して天気をいいとか、悪いというのは、あさはかなことだ。
曇り空には、晴れにはない曇り空の柔らかい光がある。
だから、晴れた日に太陽の下へ無理に鉢を置くのはそれは人の勝手な配慮だよ。さらに、人々は晴れると、とたんに水をやる。だが、自然の草の根は、決して晴れた日に自然から水を受けることはない。自然と歩調をあわせてやるためには、水はむしろ、雨の日か雨上がりにやるがいい』

これを聞いた猿が怒ったことは言うまでもない。猿は言った。
「いいや、何よりも光のほうが大切だ。それに、あんたがこの植木の買い主じゃなかろう。大きなお世話だ。俺は他人に説教するのは好きだが、他人から説教されるのはまっぴら御免だ」

私は言った。
『道端で子供が転べば、親が誰だろうが、私は抱き起こす。同じことをしたまでだ。たとえその親に「うちの子供に余計なことをするな」と言われても、やはり私は子供を抱き起こす。
だから私は親が誰であれ、ふびんなこの植木を抱き起こす』

こんなわけで、他人からものを言われることを最も嫌う猿は、
聞き耳をけっして立てようとしないために、私はこの猿に何か物を言うのに常に２ヶ月以上の時間を待たなければならなかった。
植木の状態が本当にぎりぎりになるまで。

ある日のこと、植木も大きくなり、その植木が私に言った。
「ぼく、おなか、すいたよ」
そこで私は、枯葉を集め、近くに落ちていたカラスの卵の殻を砕いて、鉢に与えた。
猿は『誰だ、こんなことするやつは！・・』とは言ったものの、

それが草たちに決して悪い事ではないのは、一目瞭然だったので、
猿は今回は私のところには怒鳴り込んではこなかった。

さて、ある日あまりにも、水をやりすぎて、根が腐り始めた。
私は猿のいない間に土を通して下の皿に溜まった水をゴクリと飲んでみたのだが、根が腐った時の味がしたものだった。
そこで、そっと皿に溜まった水をあけた。

猿はそれを見てこう言った。
「いいかげんにせんか。これは私のものだ。
私が買って、私が育て、私が愛し、私のものだ」

私は言った。
『さよう、お前さんのものだ。だが、その命はお前さんの作れるものじゃない。
見れば、お前さんは、あちこち鉢をかかえて、光を探し、
そのくせ他の物事にちっとも、心を配らないのだよ。
草を愛するということは、土の中の醜い虫たち、地の中の死体、汚物にも敬意をはらい、雨も晴れも曇りにも敬意をはらい、目に見えぬ根を育てるためには、水や土も共に愛し、何ひとつ自然からえり好みをしてはならない。
光や水ばかりでなく、何もかもがその成育を助けあっている。木が天に届こうとするなら、その根は地獄にまで深く落ちる必要もあると言うがごとく、大きくなれば大きな鉢へと移し変えてやるべきだろう。
だが、これらのことは、何もかも自然の中なら、
何ひとつ人の「こざかしさ」によらずとも、自然になされることだ。
そして、何よりも大切なことは、自然の中で、死ぬまいとしている草は一本もないという真実だ。自然の中に死を恐れて嫌がるようなものは何ひとつない。自然はその半分が死ぬということで支えられている。枯れることを拒む花などない。そんなことになったら、自然は草と花だらけとなり、そうすれば、虫だらけとなり、世界はそれを食べる鳥だらけになってしまう。
死ぬことは生きることと全く同じ大切なものだ。
だから、つまるところ、大地から何かを切り取って育てるのは、理に反している。

花を見たければ、我々が山の花を訪れればよい。我々には、そこから自分の鑑賞のためや趣味のために、たとえ草一本をそこから切り取るような、そんな資格はない。

だから、もともと花屋も植木屋も馬鹿どもなのだ。そもそもそれは人が手をつけるべきものではない。自然から何かを切り取れば、結局このように、<u>心を労して無理に自然に近付けるための水や土や光への配慮の苦労が絶えない</u>。もともとのままなら、草はひとりでに生え、ひとりでに死ぬ。
それが植物にとっての、最も幸せなことだ。
もっとも愛ある行為は無為、すなわち余計な事をなさないことだ』

これを聞いた猿は、ますます怒り、
「では、お前が勝手に育てろ」

と鉢を私に投げ付けたもんだ。
彼の「大切なはず」の植木、「愛していた筈」のその植木をね。
猿は植木を愛していたのではなく、
<u>植木を愛している自分をかわいがっていた</u>のである。
その有り様を他の猿に誇示していたかっただけだった。
猿は、おのれの心に水をやり、おのれの心に他人の誉め言葉という光を欲していただけだった。
さて、そこで鉢を受け止めた私は草と語り、
そして草の心を聞き取った。
私は鎌で草を根本から切り落とし、穴を掘って地中に埋めた。
その後その草が果ててしまったか、あるいは、大きく育ったかは、
私の知るところではないが、・・・それは、
もともと我々の知るべきことではないのだ・・

・・・・・・・・・
わかったかい？お前さん。
これが世に言う、荘子の『朝三杯』の逸話の真意だ。

善いとか、悪い、楽しいとか、つまらないと、
ものを分け隔てる心から偏りが生ずる。
ちょっと、「天秤」を思うがいい。
バランスが大切だとばかりに無理をして中道を保とうとする者は
常に天秤の両方の皿の重さに気を使って、気苦労が絶えない。
天秤の二つ皿は、人の中の、善い、悪い、美しい、汚い、楽しい、苦しい、
そして<u>生きると死ぬの二つのもの</u>を指している。
もともと自然の中では「ひとつである生と死」を二つにしてしまうのは、
人間の、そしておまえ達猿の思考の仕業だ。
もともと一つのものを、二つにしておきながら、それをまた一つに統べよう
などとするのを愚かな労苦というのだよ。
では、どのようにすればよいのだろう？
二つの皿はいくら、傾いてもよいのだ。不幸だらけ、幸福ゼロでもいいのだ。
幸、不幸、そんな区別は、二つの皿の名前、レッテルのことだ。
お前さんは、天秤がどんなに揺れようが、傾こうが、
けっして<u>動くことのないもの</u>を見ればいい。
どんなに傾いても決して<u>傾かない場所に住めばいい。</u>
どんな苦楽があろうが、不動の点に『ただいれ』ばよい。
それ、すなわち、ブッダのいうた、中道。
それは、<u>天秤の軸、、真ん中だ。</u>
おわかりかね？猿よ。人よ。猿人よ。』

だから、黙して、静寂に住み、
死ぬことも、生きることも、馬鹿になりきって、
『ただいて』味わうのが禅の楽しみというもの。
何事も、求める者は本質を逃し、
言うものは、本質を知らず、
実のところ、この世には
知るものすら、いなく、
ただ、『いる』ものがいる。

＊これを聞いた猿は呆然と自慢を忘れたと言う。

『掃史(そうし)』

猿があるとき、前世について、言った。
猿「俺は実は前世が人間なんだ。
　　その高徳で今はこうして猿のカシラをやっているのだ」

荘子『たいした高徳っていうもんだ。ところで猿よ、人になるその前は何してた？』

猿「悪事を働いた猿だ」

荘子『それじゃー、そん次は人間になっちまうわな。
　　ところで、、前世について、その秘密を知りたいだろう、、。
　　・・・・・・・・・
　　『あるとき西にある荘の池というのが、枯れ上がった。
　　水は大空に消えて雲になり、やがて東の土地に雨になって降った。雨があがると九つの池が出来ていたが、どの池も、自分は以前、西の国にあった荘という池だったと語った。前世とはそのように、ひとつのものが蒸発し、また複数のものになったとしても、不思議ではあるまい。九つの池はどれもが確かにもとは西の池である。だから、『我は前世は老子だ』という者が100人いても、彼らはみな、嘘を言っているのではない。
　　このように、人の前世は、やがて多数のものに分岐することもある。人が一つの魂で旅をしているわけではない。ひとつの個性を保持して数千の時を生きてゆくのではない。そのような場合もあるにはあるが、ことに、ブッダたちにおいては、なおさら、個人などは存在に溶解してしまうので、後に1万のブッダの前世をもつ子供たちがいても、彼らもまた、嘘を言っているわけではない。死に方において、もしも『個』を保持しようとすればするほど、人は次も個として生まれるであろう。だが個を溶かした死に方をしたものは、いずれ個としてでなく、多として生まれる。
　　これが本当の転生であり、それに比べて世俗の言う転生や前世とはなんとも自然やＴＡＯの理を知らぬ、愚かな知的遊戯であろうか？・・・
　　そして、また逆もあるのだよ。

ブッダの弟子のシャーリープッタ、モッガラーナ、アーナンダ、
マハーカーシャパらの、そのどれでもある、と称する者が現れたとしよう。
世俗の者は言うだろう。

「そんなことあるまい。彼らは同じ時代にいた、複数の者だ。そのどれも自分の前世だなどというのは、理屈にあわない。でたらめ言うな」とね。

ところが、複数の池が、一つの池になることもあろう。
たとえば、猿よ。君は子猿だったころがあり、青年の猿だった時期があり、そして老いた者である。だが、そのいつの時代が本当の君だと断定できるかね？いつの自分が自分かね？
そのように、時間の中ではさまざまな性格をもっていたわけであり、今の君はその総体として、ここにいる。
これは時間のなかの複数がひとつになる場合だ。ならば、同じように、空間において複数の者が一つに統一されて生まれかわったとしても、なんの不思議があろうか？
だから、しょせん前世の事など、たとえおしゃべりの遊戯であれ、事実であれ、問題になどするやつらは、猿にもおとる馬鹿どもなのだ。
常に、誰でもない者、いつのものでもないもの、どこの池からともなく、どこの池へとでもなく、ただよう、無名の水こそ、我々のようなＴＡＯを生きる者たちの本質なのだ』

＊これを聞いた猿は、呆然として立ちつくして、前世を忘れたという。

＊＊＊＊＊＊＊＊＊＊＊＊＊＊＊＊

『早視(そうし)』

猿が荘子に言った。
猿「だんな、最近は近くの山も噴火するし、
　　こんな世の中で、明日もどうなるか、分かったものではありません。

そこで、あっしは最近「ノータリン・ダムスの大予言」という本に凝ってましてね。なんでも、もうすぐ猿の世も終わるか、変わるかするっていうじゃーありませんか。こう毎日毎日、女房のくだらない小言ばかりでは、あっしも神経が持ちませんわ。少しあっしも全世界に目を向けるのもいいと思いましてね」

荘子『ところで、お前、、
　　　猿の全世界の10年後を正確に予言出来る猿と、
　　　お前の群れの10日後を予言出来る猿とがいて、
　　　どちらにお前がなりたいか選べと言われたら、お前はどっちを選ぶ？』

猿「そいつぁー、なんだかんだ言っても、
　　身近な問題の中にあっしらは生きているわけですから、
　　10日後の方が知りたいですね。
　　それに群れの中でのあっしの信用も高くなるってーもんですよ」

荘子『それでは、お前の群れ全体の10日先を正確に予言できる猿と、
　　　お前自身の一日先を完全に予見できる猿ならば、どっちを選ぶ？』

猿「そりゃー、だんな、あっしは自分の一日先が知りたいですよ」

荘子『ほう、そりゃまた、どうしてだね？』

猿「あっしが明日確実に死ぬってぇー事になったら、
　　真っ先に女房を袋叩きにしてやるのさ！」

荘子『・・・なるほど、
　　　たいした［全世界］に目を向けているもんだな』

＊これを聞いた猿は呆然と立ち尽くして、全世界を忘れたと言う。

『巣枝(そうし)』

ある時、猿が目ヤニを出しながら荘子を訪れた。
猿「だんな、最近いい事なしですよ。
　　あっしはこんなふうに、あちこちガタが来るし、森じゃー、
　　めっきり木の実も少なくなって、この先、別の森へでも移るかもしれやせんぜ」

荘子『ところで、お前、なんか悪い事でもやったか？』

猿「めっそうもございません。あっしは見てのとおりの正直者でやすから」

荘子『猿よ。ものごとを見る目、見方だって、ひとつの行為なんだよ。
　　　お前さん、誰かを見下したり、軽蔑の目で他人（他猿）を見たか？』

猿「いいや、あっしはそんなふうに誰かを見下したりしやせんぜ。
　　それに猿仲間ばかりでなく、朝だって通りすがりの木や花にだって、
　　ちゃんと挨拶してまっせ」

荘子『ならば、いいが、そうでなければ、お前の目はもっと悪くなるぞ』

猿「へぇーっ。そんなもんですかねぇー。・・・・
　　そうそう、だんな、来週仲間の猿が猟に連れてってくれるんですよ。
　　あっしにも銃ってやつ撃たせてくれるってんでね。
　　こう、つまらん事ばかり続くんで、ひとつ気晴らしにでもと思いやしてね」

荘子『おまえ・・・まさか・・鳥を撃つんじゃなかろうな？』

猿『・・い、い、、いや、その、・・・・そ、そ、
　　そう・そいつが言うには鳥はいないそうでっせ。だから、ただ撃つだけですよ」

荘子『じゃー、一体、何を撃つってんだい？』

猿「適当ですよ」

荘子『お前さん。 第一お前さんが、その悪友とやらに連れられて、鳥を撃たずにい
　　　られるわけがなかろう。その場をつくろって物を言うのも、ほどほどにせい。
　　　さて、もしもその鳥が親鳥ならば、子供はかわいそうに飢えて死ぬことにな
　　　るぞ。それに、もしもそれが若鳥ならば、せっかくこれからという時に、
　　　なんの罪もないのに命をお前さんに奪われるんだ。
　　　しかも、なんの必要からでもなく、ただお前さんの気晴らしのためだ。
　　　他に食う物がなくなって、それを食わなければお前さんが死ぬというなら別
　　　だが、そうではあるまい。ただ、お前さんの勝手な遊びのために、鳥たちが
　　　死ぬのだぞ。
　　　撃ってしまったあとでケイレンしながら死んで行く鳥を見て、
　　　「あっしはなんてかわいそうな事をしたんだと思って涙が出ました」などと
　　　私の前で言うてみろ。お前の顔が曲がるほど、そのつらにケリを入れてやるぞ』

猿「めっそうもございません。だから、あっしは、ただ撃つだけですよ。
　　　鳥なんか撃ちやせんよ、だんな。そう、そのへんの木の幹でも撃ちやすよ」

荘子『お前、、全く、、ちっとも、全然、丸っきり解っておらんな。
　　　お前さんは、いつも木や花に挨拶しているって言ったな？
　　　森の木にも生命があり、今は冬で枯れているように見えても
　　　春にはそれらは満開になる。
　　　お前さんの、くだらない一発がそういう小さな命をも、ふっ飛ばすんだぞ。
　　　それじゃ、お前は自然そのものや木々や草花そのものを思いやっているので
　　　はなく、結局は自分のお気に入りのものばかりをひいきしているだけじゃな
　　　いか？それじゃ、お前さんは、他の生き物をとっくに見下しておるわ。
　　　そんなふうに差別しながら、自然や動物を好きだなどと、
　　　お前さんに言う資格はないね。
　　　そんなことをしていれば、やがて、目も口も失うぞ。
　　　それに、いつまでも、他人の言葉に聞き耳を立てないのなら、
　　　その耳もいずれは、無用のものとなってしまうぞ』

猿「だんな、、いゃー、そいつぁー、言い過ぎでっせ。
　　ならば、おいらのその仲間なんか、もう何十年も鳥や獣を趣味で撃ってますが、
　　全然なんともないでっせ。そんな因果なんか、あっしは信じませんね」

荘子『お前・・例えばだなぁー、
　　大昔、この星には人間という種族がいたらしいが、そいつらは争いになると
　　小さなボタンを３回押すだけで3000の仲間を殺したそうだ。
　　そうやって仲間を殺したやつが、自分の家に戻って、
　　「ほら、私はなんともない。罰もあたらず、ピンピン生きてらぁー」
　　と言ったところで、それでその行為が正しいわけがなかろう。

　　それとも猿よ。お前は、自分さえなんともなければ、
　　何をしても間違っていないなどと言うつもりか？
　　いずれにせよ、たとえ鳥一羽、草一本といえども、無益な、無駄な、必要もない、
　　殺生などすれば、お前の家族にもいずれ災難がふりかかるというものだ。
　　お前さんは何よりも体裁をつくろう
　　その場しのぎの言い訳や偽りをやめなさい』

猿「でも、あっしはもう約束してしまったんですよ。
　　いまさら、鳥がかわいそうなどと言っては、そいつに馬鹿にされますよ」

荘子『たわけが！猿め！
　　恥ずかしいからという、そんな理由でその誘いを断れぬのなら、
　　お前さん猿のクズになるぞ。
　　恥だろうが、なんだろうが、
　　それを角を立てずに正直に撃てないと断るのがお前さんのやるべき事だ』

＊これを聞いた猿は呆然として、悪友との約束を忘れたという。

『僧師(そうし)』

今日も猿が荘子の庵を訪れた。
猿「以前にだんなはあっしに宇宙の広大さとその中の猿や人間の比べようもない
　　小ささ、狭さ、愚かなこざかしさについて話してくれやしたが、
　　それでもあっしはどうしても、日常の目先の心配にいつも心を囚われてしまい
　　やす。どうしたらいいのでしょうか?」

荘子は、お気にいりの骸骨の頭をなでながら、こう言った。
荘子『どだい、君たちが、どのように理屈や自己正当化の論理を組み合わせて
　　自分たちの生きる意義を自分に納得させようとしても無駄なことだ。
　　世俗連中のたわごとに言うところの「人生楽しめばいい」だの、
　　宗教や哲学をあさったところで、あるいは占い師や霊能者のところで
　　カウンセリングしたところで、いっときの安心でごまかすだけで、
　　君らには死ぬまで、そして死んでも、なおも不安や不満が付きまとうものだ。
　　それよりも、私のように心においては死人のように、
　　そして行為においてはとりとめのない風や水のように、
　　漂うように静かに生きてみる気はないかね?』

猿「それはあっしもそうしたいのですがね。群れのボスでもあるし、家族もいるし、
　　何かとついつい目先の心配に囚われてしまうんですよ」

荘子『なぁー、お前さん。
　　目先、目先と言うが、それは中途半端な目先というものだ。
　　君が君の死ぬ時の事に目をすえているならば、
　　もっと君は楽に生きられるだろう。
　　一方、君のその心配ときたら、ただ君が明日を苦しまないための小さな心配だ。
　　つねに不安というものは未来に対するものだ。
　　なぜならば、もう済んだ過去のことに不安になるやつはおるまい。
　　常に不安は未来を勝手に憶測してなるものだ。
　　だが、一方、広大な時間の未来を見れば、そこには10年、100年、
　　千年の未来もある。具体的に、つまり実際のところで君を心配にしているのは、

たかだか、1日先、あるいは1年先か10年先の生活の心配や雑事のことだろう。
　　　さらにもっと言えば、1日先どころか、1時間、1分先の事にだって、
　　　しょっちゅう心配し続けているじゃないか？
　　　こんなことしたら、他人からどう思われるかと心配する。
　　　これなどは、ほんの数秒先の心配だ。

　　　そのように、君達は数秒先の心配に巻き込まれ、数時間先に心配し、
　　　数日、数年を思い煩い、あげくに数十年の未来などの予言に振り回されている。
　　　まるで君達は毎日毎日、心配と不安のためだけに生まれて来たかのようだ。
　　　君は目先目先と言うが、それならばいっそ、
　　　本当の目先を見たらどうなのかね？』

猿「はぁー？といいますと」

荘子『つまり、現在さ。今だよ。この瞬間だよ。
　　　ほれ、そう言った瞬間にもうその瞬間は過去になったぞ。
　　　ほら、また過去になった。ほら、また今の言葉も過去だ。
　　　一体、瞬間の現在、、今とは君はどうやって捕えるつもりかね？』

猿「だんなに、そう言われますと、
　　　瞬間って、なんだかつかみどころがありませんよ」

荘子『いいかね。目先というならば、君はもっと目先にいればいい。
　　　それの中に生きればいい。
　　　その目先とは、例えば君が瞬間なるものを捕えようとしているとするなら、
　　　それを捕えようとしている前のお前がそれだ。
　　　捕えようとする直前のお前は、捕えようと考えたお前だ。
　　　ならば、何かを捕えようとか、理解しようとか、
　　　心配になる直前のお前は一体なんだね？
　　　だから、目先なら、［究極の目先］を見るがいい。
　　　そうして、不安も心配もそれが生じる以前、直前を見ればいい。
　　　そこに在るのは心配ではない。決してそこには心配も不安も不満もない。

そこでは、お前は『ただいる』だけだ。ただの存在だ。
それはお前というようなものですらない。
それは誰でもなく、なんでもなく、別け隔てのない、
他人と差別も分別も区別もできない、ただの『いる』ということだ。
それがお前の基盤であり、お前はそれがあって初めて、
不安になったりすらも出来るのだ。
これが老子の言う車輪の軸のことだ。
だから、死んだように生きるとは、瞬間に生きることであり、
その瞬間とはお前そのものであり、お前そのものは決して生涯にわたり、
不安や不満や心配そのものではないのだよ。
私が死ぬ時は、たとえじわじわと餓死したとしても、そこになんの不安もない。
だが、お前は死ぬプロセスの中で必ず戻ってしまうだろう。
必ず引き返し、執着し、
己を失うことに恐れを持つことだろう。

お前が道を極めたかどうかなど、判別するのはいとも簡単だよ。
それはお前が決して我慢して怒らないようにしているのでなく、
本当にそこになんの怒りもいらだちも不安もないことだ。
不安を娯楽や酒でごまかしたりするのではなく、
またあるいは、他人から何かを言われ、軽蔑されたとしても、そこに、
そもそもお前などという個人にしがみつかなかったら、
なんの怒りも焦りもあるはずがない。
お前はただ無名で静かな本性の中に生きるだろう。その本性の中には、
いかなる怒りも、傲慢も、軽蔑も、価値も、無価値も、意味も無意味もない。
それはあまりの無垢、素朴さ故に、完全な馬鹿だと言ってもよいだろう。
だから、私や私達ブッダたちは大愚者だ。
だが、それこそ我々にふさわしい。
そして実際にそうである我々の本性の住み家だ。
こんな句がある。

迷い道　道を忘れて　誰迷う

そこで、こんな話がある。
ある二人の旅人が村についた。

一人はそこで友人に用事があり、
地図を片手にその友人を訪ねなければならなかった。
もう一人はなんの予定もなく、
彼は相棒が戻るまで村をふらりふらりと散歩した。
一方、友人を探している方は、地図を持って、
あちこちを迷って夕方になってやっとその友人の家にたどり着いたという。
一方残された者は放浪を楽しみ、村のあちこちに知り合いを作り、
村にも熟知したという。
さて、行く当てのある者は目的がある。
だから彼は瞬間や現在を逃す。
そのように、何事であれ君が目的や地図を持ち歩けば、まずそれを片付けな
ければならず、君の目には世界の様子はありのままに見えることはない。
細かい味わいはわからなくなる。
放浪していた方の旅人は、のどかな畑や草花を味わっていたに違いない。
だが、用事のある方はそれどころではない。
この<u>用事、この目的というのを君の生活の価値観</u>に置き換えてみなさい。

君にもしも生きる目的や目標、目指すものがあったら、
君は地図という知識をもて遊んでは、あちこち探し、他人をも巻き込み、
君の旅は徒労の連続だ。
それがたとえ『生き延びる』『楽しむ』という目的であっても同じだ。
生きることや楽しむが目的になったら、
あらゆる瞬間や他人や環境を『そのため』の手段、地図にするだろう。
そうなれば、もう旅は旅ではなく、ただの「おつかい」になってしまう。

一方、私やＴＡＯの先人たち、ブッダや禅師たちには、
目的も意味も価値も何も持っていない。
だからこそ、彼らは今という瞬間を別の目的の犠牲にするようなことはしな
い。

地図を持たず、用事を持たず、彼らはただ さまよう。
それも迷ってさまよっているのではなく、気楽に味わっているのだ。
もちろん、自分の死だって楽しむことができる。
自分が非難され、そしられることだって楽しんでいる。

なぜなら自分をどうこうしようという目的もないからだ。
そして、本性に住む者は自分を誰である、とは思わない。
自分をどんな人間だとも思わない。
だから、軽蔑されても怒らず、尊敬や感謝されても喜ばない。
だから、君が迷ったら、不安になったら、いま一度見詰めるがいい。
そもそも道そのものを忘れたら、一体誰が迷うというのかね？
道、それは「行く先」のことだ。
行く先とは目的、目標、達成すべきだと君が思い込んでいる君の欲望だ。
それがもしも失われたら、君は何に迷うというのか？
その時、君は目的地のない、ただの旅人として、漂うように、生きて死ぬ。
そこには、なんの不安も不満も喜怒哀楽もない。
ただ、喜怒哀楽や娯楽や酒やおしゃべりなど、まったく色あせてしまって、
そんなものは振り向く気もなくなるほどの、静寂の光明、
無欲のまま満たされた美しい存在があるだけだ。』

＊これを聞いた猿は呆然と明日を忘れたという。

✳︎✳︎✳︎ 壮死

猿が荘子に尋ねた。
猿「だんな、あっしらも、あんたも一体なんで生きているんでしょうかねぇ？
　　あっしは一生こうやって餌を食べ、そのためにあくせく森を駆け回り、夕方には疲れて寝てしまう。寝付かれぬときには、酒の木の実を食い、つまらぬ昼を忘れる。旅に出たり、雌の尻を追っ掛けたり他の猿と争うときに、やや生きている実感がするものの、一日、一年と終わってみれば、よくよく考えてみれば、何も変わりの無い、空しいものだ。
　　時に、あんたはそうやって道を説き、またほとんどを黙って暮らし、無為に旅もせず、学問もせず、人間にしてはめずらしく、ものも作らず、過ごしているが、一向に退屈をする気配もなく、悲しむ気配もなく、また、あんたが怒ったところも見たことがない。だが、それでもあんたは何か一人で楽しそうにしている。何かの秘密でもあるのだろうか？
　　それとも、旦那は単なる気楽、のんき、楽天家なのだろうか？
　　そんな旦那も、あっしらも、いずれは死ぬわけでして、そうだとしたら一体あっしらの生きるとか、いやそれ以前にこの世、あるいはあの世、何もかも含めて全部の世、つまり存在とはなんなのでしょうかねぇー？
　　なぜ、あっしらは存在などしているのだろうか？」

荘子はしばらく猿が黙ったままでいるのを、充分に長く待ってからこう答えた。

荘子『自分達、あるいは、存在全体の意味、その価値、その根拠、その世界の始まりと終わり、世界のつくられた目的、これらを探求することは、それが人間の知性の特権であるかのように世俗は言う。さも、それが人間や知性ある生き物だけの思索することであるかのように。
　　だが私はひとつの結論をまず最初に君に話しておこう。今、現在君の見ている鳥、虫、ミミズ、ムカデ、犬や猫にいたるまで、そして君が風邪などひく原因であるもっと小さい目に見えぬ生き物まで、実はかつて遠い昔に「その問い」すなわち世界の元、世界を作った者と世界の目的、万物の意味について思案に暮れたのである。

いまだにそんなことにこだわっているのは、
実は人間と猿だけだということを、多くの者は知らない。
人間と猿を除く、すべての生き物、植物、鉱物にいたるまで、彼らはかつて、それを問い、そしてついに、それを超えたのである。
知性をもつ存在とは、実は最も宇宙にあっては程度が低く、奴隷的な生き物なのだ。外面においては自由であるかのように振る舞いつつ、その内面は常に生きる恐怖と死ぬ恐怖の奴隷となっている。常にとるに足らぬ心配から、自分の生命の心配の奴隷となっており、常に内面は心配や怒りや嫉妬や劣等感に支配され、それを一時的に無視する程度で、逃れる事はできないままだ。そして、常に何かをやっていなくては、落ち着かず、常におのれの楽しみのために他人や他者や万物を巻き込み、また、おのれが苦しむ時にも、他者を巻き込もうとする。それを世俗は助け合いだの心の触れ合いだの、あるいは付き合いなどと言うが、自然界において、助け合う者は何ひとつ存在しない。助けようと思っているものは何ひとつない。自分のグチをこぼすようなものは誰ひとりいない。自然の中に、迷う者は誰もいない。
それでいて、自然の万物は、均等を保ち、結局は助け合う形におのずとなっている。自然における助け合いのもっとも大きな基本が、実は死を恐怖せずに受け入れる、という事実を君は見る必要があるだろう。

さて、この死の問題は後に述べるとして、実は人間と猿のみが、このような苦しみの内に住み、そのくせ、彼らは最も優れた者であると思い込んでいる。獣や魚が何ひとつ心配や不自由なくその一生を終えると言うのに、人間や猿は、多くの物を作り、生み出し、不便さを合理化し、資源を侵食し、個人の弱さを補うための社会＝農耕民族、というものを作り上げ、より、長く、安全に、安定した生活を確保しようとした。
が、そもそもこれは死ぬ事への恐怖が生み出した産物であって、もしもそうでなかったら、これほどの過剰な生存のための物を人間は生み出さなかっただろう。だから、これらの人間社会は、すぐれた知性の産物と言うよりも、むしろ死ぬ恐怖の落とし子と言ってもよいだろう。

だが他の生物はすべて、疑問を持つことなく、不安を持つことなく、
生を味わい、死を味わう。

実は彼らはとっくの昔に、君たち猿の時の測り方でいうなら、
12兆年前にそれらの疑問を持ち、ちょうど今の君達、猿や人間が問いを発したように万物の存在を問い、そしてある者たちは、30億もの星々を旅した。そしてとうとうその問いに決着をつけ、今、彼らは自然の中に生まれる様々な生物の形をとって幸福に暮らしている。
外見からは君達には想像もできないほど、彼らは満たされているのだよ。
そして、彼らは知性がないのではなく、とっくにそれを後に残した者たちなのだ。従って彼らは無駄なもの、特に必要以上の生き残りのための医学や武器を作り出す事を止め、自然の中を漂うように生きる道を選んだのだよ。
彼らは知性がない。だが、それは進化していないのではなく、<u>実は使われた上で捨てられたのだ。</u>
では、猿や人間の知性とは、それはいかなるものであろうか？
君達や人間を見ていると、知性とは、いかに生き残り、いかにそのために他者を力で破壊するかを基盤として発展し、そのために道具を作ることを覚えたようだ。いつの日か、道具を生み出すことが、まるで知性の特権であるかのように思い込んだようだが、実のところ、根底にあるのは常に恐怖と苦痛への恐れである。
さて、道具によって、そして食べ物を蓄積する技術によって、安定した生活が得られるようになったのに、今度は知性は退屈を覚えはじめた。
そのようにして、すべての芸術、論理、哲学、宗教、科学のほとんどが発展したが、事実は発展というよりも、複雑になったり、変化したというだけであって、発展であるかどうかは疑わしいものだ。
第一に、発展とは、何に近付くのを、そう呼ぶつもりかね？

こうした生活必需品以外の事物を生み出した本当の原因も、やはり恐怖と不安なのである。それまた知性ではなく奴隷的な不自由な本能の産物だった。
もともと、生活の安定を図るために使われた知性であるが、一度それが起動し、生まれ出ると、実に知性そのものが独立した生命のようになり、知性体という別のものとして生きはじめるのである。
そうなればそれは肉体がちょうど死を恐れて様々な物を作り出したように、知性そのものが生き残り、活動し続けるという、知性の延命や安定のために、芸術や娯楽やスポーツを生み出したのだ。あげくに、哲学や宗教などを。

これらはすべて、何に由来するかをよく見たまえ。
決して人間たちが素晴らしいと称する知性の産物ではなく、つまるところ、『退屈』への恐怖だよ。退屈とは実に穏やかな言葉ではあるが、実際にはそれは<u>知性体にとっては死ぬことを意味する</u>。それは思考活動の停止だからだ。
こうして生み出される社会、言語、科学、芸術は、いうまでもなく肉体と知性の果てのない生存を維持するために無数のものを生み出したが、
どれひとつとっても、永続的に人を絶えず満足させるようなものではない。
あらゆる意味において猿や人は飢えており、その飢えは肉体では食物、そして知性では情報や思考することに飢えている。だが、多くの猿や人は結局つまるところ、生殖、酒、おしゃべり、娯楽、スポーツ、
そして小さな戦争＝口論と、大きな戦争＝殺戮に明け暮れて、その空虚さ、空しさ、退屈さ、恐怖、不安、不満を穴埋めしようとしている。これは果てのない悪循環だ。
だが、すべての原因は肉体であれ、精神であれ、物事を保持し、生き残る事のためにある。だが、では、一体そうまでして、生き延びる価値があるのだろうか？肉体でなく、精神においてさえ、なぜそんなにあさましく、発展する必要があるのだろうか？人の知性の衝動と言ってしまうのは簡単だが、ではその衝動は何のためにあるのだろうか？宇宙は本当にそんな事を必要としているのだろうか？
第一に、人間や猿の知性が宇宙の前で一体、何が出来るというのかね？
せいぜいよくて、銀河系を120ばかり横断する程度のものだ。
宇宙はそれに比べたら、砂ひと粒と砂漠全体のようなものだ。
一体なんの意味が地球に、そしてまた、別の星の猿や人にあろうか？
ひとつの星の人々が、人生や宇宙や神について、あるいは愛や家族や芸術について、せわしなく、楽しげに論じていたところへ、惑星が衝突して一瞬でその世界が滅ぶなどということは、数限りなく宇宙で起きたことだ。そんな中で、世界、人、猿、科学や芸術、こざかしい学習などになんの意味があるのかね？その星の存在そのものが、そんなものなのだ。
だが、君達猿はいつも、こう言う「いや、面倒な考えはいらない。ただ楽しめばいいのだ」とね。だが、なんのための楽しみかね？どうして楽しまずにいられないのかね？君らは自分が楽しむために断りもなしに他人を巻き込み、しょっちゅう無駄口をたたいている。それがほとんどの口論の原因となる。

国家の戦争すら、初めは生活の死活問題が原因であるにしても、悪化する原因は口から生まれるのだよ。あるいはつまらぬ宗教対立から。

では、もう一度考えて、そしてありのままに見てみよう。
君達は本当に楽しんでいるのかね？事実は生をいやいや生きて、ときおり、気晴らしはできるものの、一生生活に追われ、退屈し、争い、不機嫌になり、不安になり、それを忘れるために生殖や酒やおしゃべりや娯楽に没頭し、それを繰り返して、数千年が過ぎただけだ。外界は、あくまでも、その人間中心の社会にとって便利に発展し、複雑化しただけであって、根底の精神の不満は何ひとつ満たされてはいない。だから、宇宙、世界、存在とはなんであるか、と人々や猿が問うだろう。その前に、明らかにしておきたい事がある。では、存在の理由というが、その存在とはいかなるものか？

君達猿は森に住み、この近辺を自分の文字どおり「世界」と呼んでいる。
多くの猿は森にとどまり、他の世界は知らない。少数が別の森へ旅をするが、それとて、大陸を越えるわけではない。だとするならば、世界とは何か？
それは客観的に「これこれこういう広さと内容を持つ」などと断言出来る世界などなく、君達があくまでも見て、知っている、そして目や耳や手で触れることのできるその情報を世界と言っているにすぎない。例えば、君達は体の中に無数の別の微生物を持っているのに、発病でもしなければそれは別世界だ。ミクロの世界ではそうなる。
それどころか君達は鏡や写真なしには、直接には、一生自分の背中や顔さえ見ないままなのだ。また、森に住む猿は海など知らず、それまた彼らの世界と呼ぶものには属さない。人間たちは宇宙というが、それは観測された範囲のものだ。神秘家たちが霊とか七つの霊界などと言っても、それすら、観測されたものだ。世界とは、このように限界をもっている。広さも深さも、内容も細かさも、知覚する者によって、実にまちまちだ。常にある範囲からある範囲を世界と呼んでいるにすぎない。たとえば、君達はそう考えれば、世界などというものが、時間の中ではどこに存在すると断定できるかね？？
一瞬の一秒前も実在せず、それはあっても、君達の記憶にしかない。
たとえ一瞬前でもだ。同じく未来といっても、一瞬、一秒先さえも、実在などしてはいない。

常に現在の瞬間のみが実在世界とあえて言えるだろう。
だとするならば、君達は自分の過去などと言ったり、自分の未来などと言うが、そんなものをここに実体として出せるかね？？ものとして？？
それは、全部思考の中にある。

記憶が過去であり、記憶を寄せ集めた、ただの予想が未来だ。
今日も元気だ、だから明日も元気に違いない、、などと。
そう言っては、明日病気や怪我をして君らの未来は期待を裏切られる。
まったく過去や未来はただの思考だ。
物理的な予測、たとえばロケットの軌道計算は出来ても、君達の生活に密着した細かい物事のなにひとつ、正確に予測などできないものだ。
さて、思考が未来や過去という余計なものを生み出すと同様に、今、現在実在していると言われる世界と呼ぶものだって、まったく根拠は不明確だ。
すでに述べたように、それは『知覚された世界』なのであって知覚するものが我々の内になかったら、それは文字どおり、『世界』にすらならない。
たとえば、コウモリの世界を我々はその感覚を推測すらできまい。
ヘビの感熱感覚はせいぜい理屈で小利口になる程度で、実感などけっして出来ない。電磁波や磁気を感知する微生物が居ても、けっして彼らそのものの実感している『世界』を実感することはできない。
だとすれば、生物ごとに、『世界』そのものが丸っきり異なるのだよ。
どこに本当の世界があるのだろう？そんなものはありはしない。
<u>「本当の正しい知覚」などという基準がないからだ。</u>
しかし世界はこのように、世界として安定してあるのではなく、見る者、見る生物ごとに違っており、その知覚の中にしか「世界と呼ぶもの」はない。
もっと平坦な言い方をすれば、ある会社に四人の社員がいて、そこには、四つの朝がある。一人は家族とけんかをして出社し、一人は電車の中で痴漢に会い、一人は静かに出社し、最後の一人は遅刻したとする。
さて、晴れた日で、静かに出社した人が『いい天気ですね』と二人に言った。
ところが、一人は家族のことでムカつき、もう一人は痴漢にムカつき、ちっとも「いい朝」じゃない。だもので、三人はムスっとして、仕事についた。
それぞれの朝、それぞれの内面の違う天気の朝だ。そこへ四人目ニコニコしながらきた。

何がそんなにいい気分なのか尋ねたら、彼はこう言った。
『いゃー、ゆうべ遅く電話があって、おやじが死んだそうだ。
あっしはそれが嬉しくて嬉しくて、だからニコニコしてるんですよ』と。
この者がどんな父親との関係を過去に持つかなど、三人には知るよしもなく、
またその嬉しさも誰も理解しないことだろう。
このように平凡な平日の朝でさえ、そこは、全く異なる『世界』が四つもある。
そんな中で猿同士や人間同士に理解などあり得ない。それはただの推測になっ
てしまう。その推測はしかも、推測する者の経験の範囲に限定される。
ならば、誤解が起きない可能性のほうがはるかに低いのだ。
理解など、それは不可能に近い。共有できる程度の常識、娯楽、感覚ならば、
せいぜい歩調をあわせる「ふり」はできても、これが全く異なる世界を見て
来た者同士では理解は不可能だ。いわんや、他の生物に対して、何が愛だね？？
何が自然を愛するだね？？他の生物、ワニやトカゲやクモ、ネズミ、ヘビ、
みな全く異なる世界に住み、彼らには、それが『世界そのもの』なのだ。
彼らがもしも哲学や芸術を作り出したら、それはまるっきり我々の想像もつ
かないものとなるだろう。こんなことが、地球の上で起きているのであるから、
私のように別の次元の宇宙を少々見ただけで、誰だって悲鳴をあげるものだ。
『どれが、本当の現実だ？？』とね。

人は多くを知れば知るほどに、何かが解明され、全体がつかめると思い込む。
はたしてそうだろうか？たとえば、私はどこの宇宙へいっても『宇宙はなぜ
存在するか、何のために存在するか』を問うことをしたが、答えは統一する
どころか、ますますわけのわからないものとなった。それはそれぞれの宇宙
の民族がまったく異なる知覚で宇宙を見て、独自の社会、文化を作っている
からだ。それは控え目に言っても、地上の別の生物のそれとの違いぐらいの
差がある。電磁波だけを知覚する宇宙人とテレパシーで交信したら、私は全
くその『世界』を認識することが出来なかった。かろうじて何か空間の密度
の違い、ちょうど、音楽から音を抜いた感性の動きだけのような非常に妙な
感覚だけがあった。こんな世界が無数に宇宙にある。従って、これはもはや、
宇宙を旅して知識をあつめても、無駄だった。それはより複雑に、多様になり、
結局路頭に迷うのだった。なぜ存在しているかは、余計に不確定となり、そ
もそも存在しているのかどうかすら、怪しいものだ。

すでに言ったように、それは知覚された世界だからだ。世界とは、知覚の中にだけあり、また、知覚したものの記憶の中にしかないからだ。
だとしたら、、知覚そのものが単に作られているものだとしたら、本当は何も世界がないのに、全員が、それがあると思い込むシステムを埋め込んだって可能だ。事実そのように実はたんなる知覚世界だということは、すでに広く宇宙で知られたことである。故に、動物、植物、鉱物は、すでにその段階を通過し、おのおのその知覚世界を楽しんでいるだけだ。彼らは決して現実がどれかなどとは問わない。
遥か以前に問いをしたからだ。決して自然は問わない。
たとえ生きる目的、存在の目的、原因についても、決して自然は問わない。
それは、もう彼らにとっては過去のことなのだ。

もっとも進化していないのは、人間や猿や知性をもつ宇宙種族のほうなのである。彼らは未だに猿のように、落ち着く事なく、問い続け、模索し続け、発展し続け、探求し続けあげくの果てに『あきて、自殺するほど宇宙に、存在に退屈してしまうのだ』。そんな彼らがゆく果ての場所に私は行った。

彼らには、もう形はほとんどなく、緑色の液体のような生物だったが、知性は高度だった。だが彼らはもう宇宙に生存することにヘキエキしていた。
彼らは永久に、死にたかったのだ。そして、そのために彼らは宇宙の果てを探した。というのも、宇宙の内部で死ぬことは不可能だからだ。
宇宙の内部とは、活動と葛藤と生存を絶えず繰り返して、ただ無目的に生き延びるだけの世界だからだ。実のところ、この宇宙にはなんの目的もない。まったく無意味にただ、存続するためにある。実のところ存在の目的を探求するなどというのは、そうやってこの宇宙が活気づくためのただの不満を作り出す手段にすぎないのだ。

何のために宇宙があるか、ではなく、実はなんのためでもないのだが、宇宙が存在するために、その延命手段として問いが必要だっただけだ。
これは君達がくだらないクイズで時間と労力を無駄にするのと同じだ。
「ない答えを探す」というゲームだ。ところで先ほどの連中はとうとう宇宙の果てについてしまった。

無限と思っていた存在は実は限界をもっていたのだ。
そして一旦その外に出たとたん、彼らは本当の無限を見た。

すなわち、何もなかったのだ。
完全に一切何もない闇。闇とすら認識出来ない闇。
つまりそこでは知覚が消滅した。

多くの者が狂った。中途半端なまま、宇宙に戻り、永久に宇宙の不具、
狂気として今も存在している。彼らはその果てへ消えることも出来ず、
かといってもう宇宙の内部にも適応出来ず、
狂ったままその宇宙と無限の無の境界線に凍結していた。
彼らは自分を消滅してくれと望んだが、宇宙はそれをせず、
彼らをなま殺しのまま永久に「死にたいが死ねない廃墟」に閉じ込めた。

彼らは死ぬほど退屈で重く苦しく、ただ虚無の暗闇をもう何十億年も見詰め
ている。私はその彼らと意識が重なり、そして発狂しそうになった。
永久の安息、永久の無の暗闇に永久に住むというのは、知性には全く不可能だ。
そこに住むたったひとつの方法は、自らが、永久の無と化し、
無思考、無為のままにいる次元に到達しなければ知性は完全に発狂する。

・・・・・・・・・・
幸か不幸か、私にその闇に魂もろとも死んで行く覚悟が出来た瞬間に、
世に言うところの大悟が起きたのだった。

実際、それは何かを得たのでも、知ったのでも、見付けたのでもなく、
それはただ自分の家、自分の我家、すなわち自分の意識、つまり
『ただの存在性』に戻ったのだった。
余計な世界も価値も目的も定義も、そして感情も感性も、
能力もなにもかもが私から落ちた。

そして、あるものが残っていた。
それは、『ただいる』という『状態だけ』だった。そして、気が付いたら、
それは自分ではなかった。
もっと正確に言えば、自分とか全体という区別そのものがないので、
自分じゃないと言うのすら、的外れだった。それは、まったくなんでもない、
誰でもない、ただの『いること』。ただの意識、ただの存在性だった。
特別なことは何もない。
だが、それは間違っても自分ではなく、また全体でもなかった。
それはただそういう分別が出来ないのだった。

知性が、その日以来、私から落ちてしまった。私はほぼ完全な馬鹿になった。
私は、ほぼ完全な無力になり、ほぼ完全に宇宙という故郷すら失い、
なぜ自分がまだ生きているのかが不思議だった。
心においては浮浪者のように住むところ、つまり考えというものがなくなり、
ただいつも、いるだけで充分な静かな日々が続いた。
やがて、世界なるものを再び静かにボンヤリ見たとき、、、
そこが、狂った、気違いの猿の群れであることに気がついたのだった。
猿、、それはまだ良い表現すぎた。昆虫より低く見えた。ハエだった。
ハエは絶えず飛び回り、落ち着くことを知らない。
だから私はひそかに人類をハエと呼んだ。
いや、ハエすら知性を超えた自然の中に生きているのだから、
実際には人類はそれ以下だった。

しばらく数年、肉体のまま地球で生きることになったものの
適度な適応をする必要があった。
だが、それはもう目的意識のないものだったので、
ひどく楽なもので、無理に社会に自分を合わせるようなものではなく、
ただ流れと縁に任せただけだった。そして、数カ月がたち・・・
私はある特定の種族に属していることに気がついた。
というのも、彼らが私を夢や昼間に
脳内のヴィジョンで訪れるようになったからだ。
実のところ、彼らは特定種族ではなく、『無種族』であった。

全く彼らは完全な自由だった。完全に苦痛や苦悩、喜怒哀楽、
分別や葛藤や、落ち着かない生存への不安や退屈への不満をもっておらず、
それはつまり私と同じだったのだ。

そして、その彼らの名前をここであげたら、
私は間違いなく世俗の猿達に気違いだと思われるだろうし、
僧侶からは疑惑や好奇心の的になるだろう。それでも彼らは私の友となり、
とても気楽な、親しい知人となった。それは、
ブッダとその弟子、老子、ダルマ、イエス、マイトレーヤ、
クリシュナムルティー、ラマナ・マハリシ、バグワン・シュリ・ラジニーシ、
そして数人の中国と日本の過去の禅師らである。
加えていくばくかの、奇妙な宇宙からの友人たちも交えたものの、
私の日々は、平和で、静かで、普通である。
だから、死ぬときもまた、そうであろう。

何も求めず、かといって、無欲にもこだわらず、ただ、私は『いる』。
疑問も不安もなく、楽しみも苦しみもなく、それ故に、
無上の静けさを友として、存在だけで満たされている。
その存在すらなくなろうが、それまたよろし、というもの。
なぜ、このような事を君達猿に説かねばならないのだろう？
たぶん、それは、また、誰か『楽になる』者のためだろう。

誰かが偉大になるためではなく、
その者が宇宙の乞食となって、
ただ楽になるためのね・・・・。』

＊これを聞いた猿は、呆然と立ち尽くして、迷いを忘れたと言う。

・・・・・・・・・・・・・・・・・・・・・・・・・・

この荘子と猿の問答は、世に言う、
『猿の惑星大騒ぎの乱』の時代の出来事であった。

1993 1/11 無名庵 EO

猿の惑星地球と病的なる銀河宇宙で正気を保つ為の辞典を作るとこうなってしまうのだが

1993 8/15 by EO

これは別著『廃墟のブッダたち』を読みこなすための基礎知識である。

自由（ジユウ）
ありもしないものに名付けられた現実（夢）のひとつ。
実際には、我々が持てるのは
「どの不自由と契約（妥協）するかという選択の自由」が、
かろうじてあるのみであり、完全な自由は死以外に在り得ない。
ただし、その選択の自由も、選択の背景に存在する教育や社会の影響を
考慮するならば、選択行為にすら実際には自由などあり得ない。
したがって、自由や自由主義などというものにうつつを抜かす暇があったら、
これらの非現実的な用語そのものを忘れ去りなさい。
せめて言葉からだけでも自由になれば、
死ぬまでの退屈という苦痛は軽減されるであろう。

悟り（サトリ）
楽である唯一の生存状態、又は死の直前における唯一正常な意識状態。
または意識にとっての唯一の現実。
ただし、正確にはそれは現実ではなく
「種々の現実が開始される以前の実存そのもの」と定義される。

宇宙（ウチュウ）
「動け、止まるな」のシンプルな命令だけによって活動するもので、
よくそこに棲息する生物が、その全体がほぼ無限と錯覚している、ちっぽけな、
つまらない球体の一種。

禅（ゼン）

「動くな、止まれ」のシンプルな命令だけによって成立する体系で、
よくそこに入門する生物が、その極意が無であると認識している、
馬鹿でかい、途方もない空間の一種。
それは宇宙以前、または宇宙以後を示唆している。

ＴＡＯ（タオ）

おのれの小ささと宇宙の大きさを徹底的に比較させ、認識させて、徹底的に
こざかしい精神活動や行為をあきらめさせる、中国大陸に存在した体系の一種。
古くから銀河系には、これを機械的なメカニズムによって執行する装置があった。
もともとそれは拷問のために作られたのだが、
今では宇宙に飽き飽きした多くのマニアの娯楽のひとつとなっている。
ただし、この娯楽施設は一度きりしか体験できないという欠点を持つ。
なぜならば、そのシリウス製のサマーディタンクに入ると、
ほぼ完全に放心して、無能生物としてそこから出て来るからである。

自慢（ジマン）

自分はいかに持っているかということを宣伝し、それによって相手を屈服させ、
状況を有利に運ぼうとする猿の行為の一種。
ただし優位とは、本人が感覚的快楽を味わうため、
という意味において優位なのであって、実際にはこの行為は周囲からは軽蔑され、
爆笑もしくは圧笑をともなう不利なものとなることが多い。

卑下（ヒゲ）

自分はいかに持っていないかということを自慢し、
それによって相手を屈服させ状況を有利に運ぼうとする猿の行為の一種。
以下「自慢」の項目と同一。

聖者（セイジャ）

馬鹿正直すぎたり、言葉の使い方に無知であるために、
たびたび猿から迫害されるが、それ自体はひどく平凡な正直者のこと。
徹底的に「見たまま」を言い「感じたままを」常になせば、あなたも聖者となるだろう。
ただし、その末路としては、死刑や投獄が待っていることに注意。

導師（ドウシ）

当たり前のことをいかに、もったいぶって言うかということに熟練した聖者の一種。
こいつは、ただ者ではないぞ、と猿に思い込ませる技術のある「ただ者」のこと。
投獄や死刑は免れるが馬鹿の猿の弟子の群という牢屋にしばしば投獄される。
一般にこの牢屋は寺院、アシュラムなどと呼ばれる。

礼儀（レイギ）

相手に不快感を与えないための最低限のマナー。
したがってあなたに出来る唯一の礼儀とは、
誰に対しても、黙々と黙っている、ということになる。

喜び（ヨロコビ）

次のさらなる不幸を生み出すために経験されるか、
または自ら進んで経験しようとする、「進化する不幸」のこと。
あるいは一種の自殺抑制剤。
ただし、
「なぜ、こんなことまでして生きていなければならないのだ」という重大な哲学的
な課題を思い出すことによって喜びは停止することが可能である。
不幸にもその哲学の結論が『喜びを感じるため』というところに落着した場合には、
では「なぜ、なんのために喜びを感じなくてはならないか？」
という課題を思索することにより、
容易に不幸に復帰することが可能であるから心配はいらない。

反省（ハンセイ）
ある特定の行為を「もう二度とやるまいと深く思い」、それによって近未来に再び
そう思うはめになる別の行為に乗り換えるための「はずみ」。

自己分析（ジコブンセキ）
悟りを得ない限りは、とりあえず自己の定義が安泰しているかのように
錯覚することが可能な分析行為またはそのディスプレイ。
他人と自己分析について語るという行為は、お互いに、
いかに自分が馬鹿であるかを楽しく軽快に暴露することであるが、
さりとて、その行為によって馬鹿が軽減した試しはない。
よくてせいぜい前記の「卑下」を促進する程度である。

思索と悩み（シサク　ト　ナヤミ）
いつなんどきにでも、あっさりと捨てられる思考と戯れる事を<u>思索</u>と言う。
一方、それが二度と脳裏から捨てられぬものに進化すると
それを「悩み」と呼ぶハメになる。

飲酒（インシュ）
世界を基本から認識しなおすために有益な他のドラッグが合法化されないために、
とりあえず仕方なく猿たちが利用するドラッグを飲む行為。
ただし、利用者の多くは認識を深める為ではなく、
認識を「浅はか」にすることによって苦痛を軽減する目的でこれを摂取する。

会話（カイワ）
はっきりとした目的とそれを遂行する為の情報交換、もしくは
言語によるギャグを楽しむ分には無害である
無形文化財的「ドラッグの一種」。
ただし、上記目的より、これが自己主張などの要素に発展した場合には
「おしゃべり」と改名され、その末路は、好き嫌いの問題に退化し、
つまるところ、
「類は友を呼ぶ」という銀河系法則を促進するための機能を持つ。

戒律（カイリツ）
この宇宙に存在する、唯一の全体的な共通の、
重要な戒律はただひとつである。
それは『馬鹿者は相手にするな』である。
従って、これを厳守するならば、あなたの内面的な平和は確実なものとなる。

馬鹿（バカ）
馬鹿に思われたくないという動機から
馬鹿な行為をする馬鹿は避けられるべきものであり、
行為の出来ないほどの無為な馬鹿ならば、それは促進されるべきである。
無為は無為自然に至るが、
行動主義と能動主義は葛藤だけを生み出すものである。

無（ム）
3センチ下の空欄を見よ。
この定義がお気にめさぬ場合にはその部分をハサミで切断されるとよい。
それでもまだ定義が気にいらない場合には、あなたの首を切断せよ。

嘘（ウソ）
この行為なしには地球で平和的な生存は不可能とされる。
この行為のおかげで、我々は投獄もしくは死刑にならずにすんでいる。
この行為を放棄すると聖者になる。（詳細は聖者を参照）。

進化（シンカ）
自由と同様、この宇宙で一度も起きたためしのない死語。
「合理化」や「変化」に一般的には、この進化という用語を乱用するが、
それは適切ではないであろう。

言語（ゲンゴ）

単語のおのおのを、いちいち定義していたら、それだけで膨大な量の解説になるというのに、なぜか我々はその単語の連続である会話をなんとなく理解している「ふり」をしている。
ここから推測できることは、我々はおそろしく膨大な量の定義の連続を理解できる天才的な生物であるか、もしくは単なる馬鹿の集団である。
ただし、他人に言語の2つか3つを試しに定義させてみると、明らかに我々は「後者」であることが判明する。
つまり我々は毎日わけのわからない言葉を使って会話をし、わかったふりをしているところを見ると、完全なる狂人の集団であると思われる。

なお、会話につきものである、「あいづち」について概略を以下に記述する。

大きく、うなずく

「こいつは私と同じ考えだ。従って私の考えは正しい。
私は支持されている。私の考えは価値がある。」などと、
<u>ただの意見の一致</u>と<u>意見の正否</u>を混同する猿が行う首の運動。

小さく、うなずく

猿にとって、まったく訳のわからない話題が進んで行く場合にわかったふりをして、とりあえず穏便に時間をつぶすために使われる首の運動。
実際にはこの間に猿は、いかにして別の自分のやりやすい話題に移行するかの策略に頭を使っており、そのために首にまでエネルギーがまわらないのである。

小刻みに速く、うなずく

もはや、とっくに相手の話など聞いておらず自分の内部で持論が暴走し、
感動し、歓喜きわまっている生物が引き起こす、首のケイレン状態。

なお、これらの首の縦ふり運動を停止する万国共通の言語が存在する。
それは相手に『お前は、本当に馬鹿だ』と言うことである。これによって、
あの目障りな、うなずく首ふり運動は、ほぼ95パーセント停止可能である。

哲学（テツガク）
たとえば、
「木の葉にそっくりのカマキリは、木の葉が進化してカマキリになったのだろうか？
それともカマキリが進化して木の葉になったのだろうか？」などと、
あなたが思い悩んでいるその間に、あなたの左手首の腕時計の針が
「なんで俺はこんなところで毎日毎日グルグル回っていなけりゃならないんだ？」
などと自己存在とその活動の意義について思い悩むこと。

宇宙人（エイリアン）
この宇宙人の『人』なる文字を「意識あるもの」と仮に定義すれば、
無機物から有機物にいたる、あらゆる万物が意識を持つので、
すべてが宇宙人ということになってしまう。
従って、我々は毎日宇宙人を殺して食い、宇宙人をふんずけて歩き、
宇宙人に住み、宇宙人に乗って移動し、宇宙人を着ているので
定義してまで記述するほどの価値はない。

そんな中で、たまたま地球人を食用とする宇宙人が現れたとしても
『お互い様ですなぁ』と、にっこり笑えば、
彼らとの戦争は全面的に回避されるであろう。
すなわち、明るい無抵抗こそが平和への第１歩である。

現実（ゲンジツ）
生物ごとに限定された知覚情報から構成され、
しかもその平均的内容の総称であることに注意。
知的生物においては、さらにこれに記憶とその配列である思考が付加されて、
外界の知覚以外に脳内にありもしない思い込みを作り上げる。
これらが混合した情報を意識は現実として捕えるが、さらにその中でも
<u>とりわけ平均的な、日常的に安定した情報を通常は現実と呼んでいるにすぎない。</u>

すなわち、「てめぇーは馬鹿だ」と突然に幼い子供に言われた中年がカッとなる、
といった愚かな行為は、この「現実」のなせる特技のひとつである。
日常的ではない情報や内的思考（思い込み）と相反する情報がやってきた、
というだけで現実とは、いとも簡単に揺らぐものである。
通常この揺らぎに対する無駄な抵抗は、「反論」と呼ばれ、
さらに悪化した症状に至ると論理性を脱却して、二人の異なる現実を所有する者の
間に激怒のエネルギー波動または殺傷行為が発生する。
一方、銀河系宇宙で一般に
現実とは、「限定された世界」とも言われるように、
それはなんらの客観性も持たぬ、完全なる主観の産物である。
ただし、地球のような低脳な人類の惑星では、集合的な多数決による主観の総体が、
まかりまちがって「現実」などと呼ばれることがよくある。
知覚器官が似たような生物どうしでは、似たような現実という「夢」を共有する
ことはあるが、それが同一であることは、まずあり得ない。

あなたが死ねば、あなたの現実はなくなる。
それでも周りの人間にはまだ現実が継続するが、
人間が全滅すれば人間の言う現実とやらは消え去る。
さて、残った動物たちにとっての現実世界なるものが残るが、
その生物が全滅すれば、それもまたなくなる。
さらに残った植物にとっての現実とても、惑星が爆発すればなくなる。
残骸になった惑星の散らばる闇の中で、
さて、現実と言う者はどこにいるぞや？？
仮にそこに現実としての惑星のかけらがあったとしても、誰もそれを確認する者が
いないのならば、現実という言葉そのものが無意味とされる。
現実とは人間に限らず、<u>知覚の中にのみ存在する情報の単なる断片であり、それは、
ほとんど夢より始末の悪いものである。</u>
なぜならば、人間が夜に見る夢は、争いを作り出すことはないが、
人間が昼間っから見続けている「現実」は種々の妄想を生み出し、
その行為はさらにこの現実という夢にフィードバックし、影響を与え、
より混沌とした夢の発展を続けるからである。

このような悪夢から解放される為の唯一の方法は、
夢、すなわち現実を持たないことである。
一定の現実があなたに苦痛にならないかぎりは、その中で遊戯するのがよろしいが、
そうでなくなってあなたの脳の許容範囲を越えた現実に直面したらば、
直ちにクローズしなさい。
すなわちこれは、何も知覚しないことであり、何も思考しないことであり、
しかも眠らないで意識そのもので在り続けることである。
現実が開始される以前の状態にいれば、あなたは断固として正気を保てるが、
あなたはおそらく、この地球においては、狂人か白痴とみなされるだろう。
実際にはあなた以外の者が狂人なので、心配することはない。

論争（ロンソウ）

相手に「私が間違っておりました」と言わせて自分のエゴが満足するためだけに
双方で繰り広げられる果てのない屁理屈、または殺戮への弾み。
その根本動機は安心への欲求である。そして、さらにそれを生み出すその根本原因は、
あなたの生存への欲望と死への不安である。

恐怖（キョウフ）

恐怖とは、それは主に結果として三つの状態を生み出す。
それは嫌悪、拒否、殺戮である。
一体、あなたは何から逃げているのか？本当は何が怖いのか？
あなたは『変化』が怖いのだろう。
しかし、自然や子供たちはどんどん変化する。
なのに、なぜあなたは変化を恐れるのだろう。
問題は、変化によって、あなたの過去が消えることだ。
すなわち、あなたの過去が死ぬということだ。
変化そのものになんの恐怖があるのか？
ありはしない。
問題は、変化の代償として、そこには『何かの死』があるということだ。
それは過去の死だ。結局、壊されることへの恐怖、壊れるものが自分の中にある
ということ、さらには、壊れる自分そのものがあるということが人を不安にするのだ。

憎しみ（ニクシミ）
外界あるいは自己の内面において、そこで起きている現象の全体ではなく、
一部分だけを拒絶し、それを叩きのめそうとする事から生まれる感情。
ところが実は、他人を憎むのも、自分を憎むのも、そこにはなんらの変わりもない。
何であれあなたが『許さない』こと、これが憎しみである。
それが行為に発展した場合にはそれは暴力と呼ばれる。

盲信（モウシン）
根拠をなすと見られる検討材料の情報が一定量になるよりも、はるか以前から、
すでに事実の検討などは、どうでもよく、最初から、それを信じることによって
引き起こされる脳波の快楽を求める本能。その逆も真なりである。
疑惑、否定への盲信はそれがひっくり返っただけである。

いかにしてある対象を否定するかという事に快楽を感じることに重点を置く生物は、
それを否定する材料を回収し終えない遥か以前から「否定しまくれ」という
本能信号の完了のみを目指すのである。
こうして、いかにして最初に『仮定として用意した論理』にたくさんの応援団を
ひっつけるかのゲームが開始されるわけだ。地球でこれは『布教』とかあるいは
『選挙』とか呼ばれる。それは論理の正当性を競うのではなく、どうやって正常な
論理を追究し続ける知性体をどこかで、うまく丸めこんで説得して、自分の仮説を
信じさせるかというゲームである。

愛（アイ）
私の言う事をきいてくれて、私をご機嫌にしてくれて、
私に従ってくれるかぎりは、私はあなたの事をこよなく好きになるでしょう。
しかし、私を悩ませたり、私の機嫌を損なうような事をするならば、
お前なんか死んでしまえばいいと思うようになるだろう
・・という精神状態のこと。これほどの「深い愛」はない。
なぜならば、誰ひとりとして、そこから抜け出すことが出来ないからである。

精神世間（セイシンセケン）
単に精神世界や宗教や寺に、その『同じ俗っぽい頭』を突っ込んでいるだけで、
根の部分は全くの俗人である人々と、その馬鹿な集団を言う。
この中には大変な修行をしたり、その結果
「光明を得て大悟した！」などと称する導師なども盛り沢山含まれる。

世間教（セケンキョウ）
精神世界や宗教には全く無縁か、
あるいはそうした宗教をむしろ敬遠する人々がいるが、
そうした人々は、結局のところは『平均的幸福教』、『愛と平和のカルト』、『常識教』
『ポジティブ思考』なんぞという、これまた大変にご立派な盲信的宗教に属している
という事を表す用語。
世間人以外に、特にマスコミやアナウンサー、評論家やコメンテーター、
そして心理学者やセラピストなどに多い馬鹿の一種。

生存教（セイゾンキョウ）
宇宙の全万物が属する唯一の宗派のこと。
この宗派が敵対し、恐れるものは『絶対無』、
すなわち万物の活動停止とそれによる宇宙の消滅である。
したがって、あらゆる口実と宗教的教義を用いて魂の進化などというものを
嘘で美化しては、生存に目的意識をでっちあげてゆく。
また、それと同時平行して罪悪感や自責、恐怖心や不安を人間や
高次元知性体に与え続け、
常に生命を「活動」という名の『労働状態』に置こうと、
日々策略をしている「全宇宙的な」、「あさはかな教団」である。

第4章／著者の独り言

筆者が淡々と身の上話をすると
こうなってしまう

僕は、いつも、なんだか、すべてがわからない。
いま、こうやって書いているときも、よくわからない。
よくわからないどころか、まったくわからない。
なにもかも、わからない。
だけど、このわからないことが、あまりに楽で楽しいから、
どんな禅師が僕を『のろま』だと言っても、僕はここから出ないだろうな。
・・・・・・・・
僕は、、以前も、何もわからなかった。
だけど、当時は、知りたかった。
自分が一人で部屋にいる、それだけでも謎だった。
この自分はなんなんだ。とね・・・。
別に形而上学的な疑問や宇宙の理由じゃない。
ただ、ここに自分がいるという存在そのものが不思議で、
いつも奇妙な感覚だった。
みんなには、これが不思議じゃないのかな？と思った。
さらに言えば、そこで一体何を問うべきなのかもわからなかった。
それが始まりだった。何を問うべきかも僕はわからなかった。
ただ、やっぱり、何かが引っ掛かっていた。
僕は、どうしてこの部屋にいるのだろう？
ここにいるというこの「いる」のはなんなのだろう？これは意識？？
でも意識ってなんだろう？
そこで、僕は、とにかく知れることはなんでも、知りたかった。

中学生、高校の時、家は家庭の離婚事情で、結構生活に困っていたので、
あまり大量には本は買えなかった。
学校帰りに本屋さんに行くと、いつも思った。
ここで一生暮らしたら、どれだけ、いろんな事を知ることが出来るだろうな。
ここにある全部の本を読むのに、どれぐらいの年月がかかるのだろう。

第4章 / 著者の独り言

ああー、本に囲まれて暮らしたいな・・・。
そんなふうに思ったこともある。だけど学校の勉強は大嫌いだった。
誰も皆そうであるように、自分の知りたい事を自由に学ぶのが好きなだけである。

疑問なんて沸かなければ沸かないでいいのだが・・。
僕にも、やはり、他人から影響されたりした背景というものがあって、
それはなんであれ、『必ず原因を見なさい』という教えだった。
結果ではなく、原因を見るように教えられた。
原因が必ずあるから、問題が起きたら原因を見よと。
今なら、僕は『ふざけんじゃぁーねぇーよ。だって、原因なんか追求したら、
あっと言う間に究極の原因の探求になっちまう』と言うだろうが、
当時は、たとえば自分が不愉快になったら、どこまでも自己分析をするように言われた。なぜ、そう感じるのか、なぜ嫌になったのか、何が嫌なのか、それはどうしてか、原因探しである。
普通の人達は、適当な原因に行き着いて、自分の在り方でも反省するかして、
終わるのだが、僕は『凝り性』だったのである。
どこまでも原因の原因の原因というふうに、原因探しをやるので、一晩かかっても
結論は出なかった。
だって、そんなことしたら、いつでも僕の疑問はこうだった。

たとえば自分が不快な思いをしたとしても、
他人には原因がないとしても、では自分の原因とはなんだろう？
自分に悪い思いがあるとしたら、ではその思いはどうやって出来たのだろう？
思いはどこから出るのだろう？
脳や情報や意識？？でも、その大元は自然界だ。
なら、自然界はどんな仕組みで動いているんだろう？
法則って学者は言うけど、実によく出来ているもんだ。
宗教家どもは、すぐにそれを神のせいにするが、僕は神とかではなく、
確かに何かの人格的な意志ではないが、
何かの『意図』はあるかもしれないと思った。
そこで、これが僕の、のちの20年間の根底の一大疑問となった。

自然を見るかぎり、とにかく生存と存続の為に実にうまく、見事に出来ている。
しかし中には、たいして効率がいいとも思えない生物もいる。
まー、そんなことはともかく、一体『真理』ってなんなのだろう？？
禅にしてもＥＯにしても、これはただ用語が違うだけだね。
存在理由、根拠、その目的、あるいは真理、主人公、本性であれ、なんであれ、
僕らは世界への『断定』のきっかけが欲しかったんだ。
そうすれば、「生き方」はそれに伴うと思っていたんだ。
つまり、ひらたく言えば
真理、あるいは理由が『わかればしめたもの』だというのが
僕らの本音じゃないかな。
・・・・・・・・・
僕だって、生き方がわからなかった。どう生きたいのかも、なにもわからなかった。
ときおり、これならいけそうだと言う生き方は、いつも長続きしなかった。
生き方探しの前に僕は理由探しを始めたわけである。
結局万物の方向性、その発生原因、目的を単に知りたいという
純粋な探求心なんて嘘っぱちなわけで、結局僕は、それを知ってから、
『誰よりも間違いなく生きてやろう』と思っていたのである。
僕の求めていたのはなんのことはない、
正しい生き方、あるいは正しさだった。だから、それは真理と同義である。
禅の言う『事実』という次元とは大幅に違うけどね。

食べて、寝て、働いて、結婚して、クソする、その『事実そのまま』で、
毎日笑って暮らせていれば、僕は探求などしなかっただろう。
ようするに、面白くなくては僕は生きる力を持てなかった。
どういうわけか、僕はつまらない事は嫌いだった。もちろんそれは僕個人の問題で
あり、他人がおもしろがっているものなどは全く関係なかった。
そうではなく、自分が楽しめないものは、僕には徹底的に心地悪かった。
心地悪いものに囲まれていたら、誰だって生きる気なんかするもんじゃない。
当時、僕は高校生から美術短大への移行の時期であった。
面白い事を探さずして、なんの人生ぞや。
というわけで、面白いものならなんでもやった。

しかし、どれも飽きて行く。
『ぽのぽの』（編注：いがらしみきおによる４コマ漫画作品）の言うように、
最初だけ面白くっても、面白いことは必ずいつか終わってしまうんだ。
当時、僕にはスナドリネコさんみたいな、おじさんはいなかったので、誰も
『面白いことも終わるし、困ることも終わるんだよ』とは言ってくれなかった。
・・・・・・・・・・
かくして、やれ哲学、宇宙、バグワンだのと言っても、
この青年は、とにかく『わからない君』で、常に『なんだろちゃん』なのだった。

いつもいつも、存在そのものの理由の疑問がこびりついていた。
あっ、これでいいんだな、などと言うものは何ひとつなかった。
バグワンやクリシュナムルティーの本からも、そうやって離れた。
彼の言う事は一人の人間の意識状態としては理想的かもしれないが、では、
なぜブッダにならなきゃならないんだろう？
なぜ、みんな回りくどい悟りなどするのか？僕の疑問は、終止符がない。なのに、
なぜそんなに疑問ばかり持つのだろう。
理由は至って、簡単だ。
僕は『考えるのが大好きだった』のだ。
思い、想像し、推論を膨らませ、考えるのが好きだった。楽しかった。
だから、好きだから考えていた。
考えるのが好きだったから、僕は無心を説くバグワンの本やそういう類いの本を
それから、あの日までの10年間は離れていた。
バグワンは、時々読んでも、まるで『落語』みたいなものだった。
当然、禅の本なんか、まるで買ったことはない。
14才ごろから悟りを求めていて、それをあきらめて忘れた24才ごろから
34才のあの日までの以後10年は
私は、まったく悟道とは全然異なる分野へ興味を持った。
・・・・・・・・・・・・・・・・
それは人間の可能性がどこまであるかだった。
実に、いろいろな人に出会った。いわゆる普通では不可能な事をやってのけるのを
見て、その価値はどうあれ、なれるなら自分も一通り全部なってやろうと思った。

肉体に対して、あらゆるコントロールをする修行者たち、
科学者の実験室内で不可能と言われる物質現象を引き起こす人達。
記憶術、催眠、睡眠学習、そして透視、テレパシー、念力、予知。
やがては、そういうものをグローバルに人間や存在全体にとってなんであるのか？
を説明し尽くそうとする色々な組織が西洋、東洋にあった。
禅と違うのは、そういう組織は、途中過程として神秘学を容認していた。
そのプロセスの存在を知っていた。
だが、彼らも、最後はそういうナンセンスなものは通過すると言っていた。
しかし、ナンセンスなら、最初からやらなきゃいいのだがね。
とはいえ、やはり僕は悟りなど眼中になく、人間の可能性に興味があった。
もしも引き出されていない脳の可能性が90パーセントもあるなら、
そりゃ、もったいないと言うもんだ。全部引き出してみようじゃないか、と。
結局、僕は何を探していたのか？
人間の可能性と言うのも今になってから思えば、そりゃ、やっぱり僕の嘘であり、
本当はその可能性を通じて『人間とは何か？』がテーマだったのだ。
しかし、その人間とは何か？というのは、これまた平たく言えば、やはり
『自分はなんなのだ？』という素朴な疑問の投影であった。
何も、おおげさな疑問じゃない。
やはり、<u>自分のこの身の不確定さが嫌だったのだ。</u>
<u>不確定なままの、謎のままの自分の存在とその死</u>、が嫌だったのだ。
一体、全体、何がなんだかわからん・・・。
そして、全部を、すっきりと説明している者はどこにいるのだ？？と・・。
むろん、バグワンも禅も当時の私のこの疑問からは論外である。彼らは説明の次元
には、いないからだ。だが、僕の求めているのは僕の納得できる説明だった。
そして、その説明が納得できたら、それに従って生きる基準が手に入ると思った。

ここにも、また、なんの複雑さもない。
やはり、ひらたく言えば、あれこれ『迷いたくなかった』のだ。
僕は、迷いたくなかった。それが多分探求の最初だろう。
僕は、どこでも躊躇していた。
どこにいても、何をするのがいいのか、わからなかった。
世間は常識や、習慣で物事をやってゆくが、僕は、何が正しいのか、いつも迷った。

いつも、本当に正しいのかという疑問で何年も慢性的なノイローゼだった。
一言口をきくのも正しいのかどうか迷った。
なんと何かを見るのですら、これは見るのに値するのかどうかで迷っていた。
いつも、どこでも、ずーっと、迷いっぱなしだった。
だから、僕は、いつも不安で、あらゆる事に自信がなかった。
世間は私を「考え過ぎ」だと言った。
しかし同時に『よく、そんなとこまで突き詰めるよな』とも言われ、
僕は変なプライドも持っていた。
つまり普通の人は全然突き詰めないで考えないで、疑問もなく生きて死ぬけど、
僕はそういう生き方は嫌で、楽しくなかった。
ノイローゼでもいいから、考え続けた。
考え続ける中で、辛うじて僕は生きている実感が保たれた。
だが、やはり、僕は『考える』のは大好きでも、『迷う』のは苦痛だった。
そこで禅と哲学の二つの道がある。
僕は哲学だった。
禅は、迷いを断つ。だが、そんな非科学的な道は僕には魅力がなかった。
だから、迷わないための論理、絶対論理を求めた。そうすれば迷わないと思った。

絶対の正しさ、真理、存在や自分の理由や目的、そんな名称はなんでもいい、、
とにかく、それで二度と生き方に迷わないでいられればなんでもよかった。
だから、私は禅やＴＡＯを無視したし、興味もなかった。
なぜならば、
『理屈の超越』ではなく、
『超越的な理屈』こそ、当時、私の求めていたものだったからだ。
・・・・・・・・・・
だが、なんのことはない、
結局、僕は悩んだり、苦しみたくなかったに違いない。
そのためには、考え抜いて、真理を知れば、もう迷わないと思った。
今でこそ、馬鹿な事をやったもんだと思うが、
だが、人類のほとんど全員が、それの真っ只中にいる。
真理を『知って、それによって、迷わないようにしようと』。
私だって、他人の事など言えたものではないほど、あの頃は思考病だったのだ。

・・・・・・・・・・
そして、もしもその『理屈の絶対真理』が見付からなかったら、僕はまだ探求していたと思う。
ところが見付かったその日から、さらに僕はどん底へ突き落とされた。

宇宙存在の理由や目的、それさえわかれば、迷わず楽しく生きられると思っていた。
誰にでも、人生や宇宙について、明確に説教でも出来ると思っていた。
『宇宙は〇〇〇のために作られ、
その〇〇〇に向かうから、僕らも〇〇〇のようにして生きればいいんだ』と、
誰にでも超然と言える絶対哲学、絶対の宗教を確立できる目算だった。

＊＊＊＊＊＊＊＊＊・・・・・・・・・・
ところが、、、
これが『宇宙最低の地獄のような公案』だったとは、知るよしもなかった。
随分、いろんなことが急速に５年で起きた。
宇宙人に会ったという人物に何人か会ったり文通したり、話を聞いたが、
結局彼らは、その体験は真実でも、たんなる『旅行者』にすぎなかった。
どこまで次元や空間を旅行したにせよ、その全体像をつかんでいなかった。
チャネラーと称する霊媒を問い詰めて、そこでコンタクトしてると称する宇宙人に
『宇宙の発生と目的はなんだ』と問いつめても返答もなくごまかされたりした。
そこで、とうとう、僕は、自分の脳を彼らに貸すやり方を覚えた。
つまり、それはある日、突然にチャネラーの一人になった。
呆然と、空白になったまま、友人の家でくつろいでいた時、
僕は、意識が真っ白になってしまい、ロボットみたいな口調で友人に言った。
『いいから、なんでも質問してくれ』
僕は、なんだかその空白の意識の水面に、誰かが質問すれば、
その波紋がまた何かの波紋を生み出すような気がした。
僕は、僕の人格から身を引いてしまった。
そして友人から質問がされた。
僕の脳は勝手にヴィジョンを生み出し、言葉をしゃべり、
僕の全く知らない星の名前を言い、哲学をしゃべり始めた。

僕は、自分が何を言うのかわからなかったが、
自然にしゃべっている。ただ、どうも口調が僕じゃない。
というより、それはどう見ても人間じゃなかった。
僕は、その後からはいつも、友人に詳しくその『何者か』にズケズケ質問するよう
に言った。そうして、何百ページもの記録がかつてあった。
それらは、もうどこかへ捨てたかもしれない。
おおよそ、聞いたこともない内容ばかりだった。
宇宙に無数の別の世界とそこに棲息する者たちがいるらしいことが分かった。
それらが僕の脳の勝手な産物であるかどうかは、真っ先に検証された。
僕が知る筈のない事ばかり、その『何か』はしゃべった。
そして、それから何年もしてから、それらは天文学者に発見されたり、あるいは
研究家に発見された。金星探査機のマゼランの写真が、ほとんどＮＡＳＡが訂正を
入れたものだと言われた。ミランダの地表も修正されている。
地球の者が宇宙へ飛び出すたびに、宇宙飛行士は常に絶望していたのだった。
月でアームストロングが最初に発した言葉は『この一歩は小さな一歩だが・・・』
ではなかった。実際月にはアポロ11以前に既にアメリカは到達していた。
おまけに、その宇宙飛行士が最初に言った言葉はこうだった。
『なんてこった。ここに来たのは俺達が最初じゃないんだ！』
彼は、月の山脈に空けられた無数の月面基地や飛行物体を目撃した。
この交信記録は、おそらく現在、機密保持のセクションが民間との訴訟に負けて、
公開したＮＡＳＡの機密記録として出版されているかもしれない。
バイキングは僕らの世代では、とても印象的な事件だった。
だが、新聞の一面を飾った火星の写真が、
毎日毎日変わって４度も色彩修正されたのを知っているだろうか？
最初、火星の空は青かった。
２日目の新聞では白、そして次の日にはピンク色になってしまった。
だが、さらに言えば、アメリカは1950年代に既に火星に探査船を送り込んでいたこ
とは真偽はともかく、噂されている。
この太陽系すら、僕らは全然嘘の天文学を教えられたのだった。
僕は、そんなふうに『彼ら』と交信するうちに、彼らは僕ら地球人が実は、
五番目の惑星から実験生物として移植されたことを語った。

つまり現在アステロイド帯となった場所にはかつて惑星があったが、
惑星間戦争で分解してしまったと。その生き残りが、地球人の元だという。
僕は、そうやって、初耳の歴史を記録した。
だが、そんなことよりも、いつも、そうした歴史や進化や事件の底流にある、本質、
宇宙とはそもそもなんなのか？
僕らはその中でどういう存在なのかが疑問だった。
上を見たら、途方もない進化の距離がある。
仏教やらの仏なんぞ、そのランクの中じゃ、ほとんどザコ同然だった。
上は全く、呆れるほど上には上があった。
無数の銀河を統率する意識体、小宇宙の管理者たち・・・。
しかし、とどのつまり、彼らはどうして存在しているのだろう？
そして、僕は、どう生きて、死んで、どうすればいいのか？
迷いは、つのるばかりである。
彼ら宇宙の連中の配慮なのかどうかはわからないが、
私への学習は、徐々に複雑化していった。同時に、やがて、
人間という立場からものを見るのでなく、
別のいくつもの観点、生物や次元から同じものを多角的に観察する事を学んだ。
だが私の混乱は増した。より知れば知るほど、現実がどこなのか分からなくなった。
こんなに多角的な知覚があるのでは、現実とはなにか？？で混乱した。
彼ら曰く、、
『そんなものはないよ。現実などは、ただの知覚情報の集積物にすぎない』
私は言った。
『それはそれでいいが、ではその知覚情報を我々はどう処理したらいいのか？』
彼ら曰く『まっ、いいから、それで勝手に楽しんで遊んでろ』

私はとことん、質問した。
『この宇宙の目的ってなんですか？それがわかれば、僕は迷わずにいられる』

彼ら『地球のほうや。知って迷わない自信があるなら、教えてやろう。だが、
知ることと、迷わないことがイコールじゃないって、後で知っても手遅れだよ』

僕は、そんな筈はない、「知れば解決だ」と思っていた。そりゃそうだろう。
もしも万物について知ったら、なぜ迷う？？？
大威張りで、僕はすべての原因を知った者になる。

ところが、彼らは慎重に、親切に、その後僕が狂うのを予測していて、慎重に事を運んだ。つまり、人間ごとき生物の脳では処理出来る情報の限界があることを彼らは熟知していた。いっぺんに入力したら、オーバーヒートしてしまう。
だんだんと、僕は変な宇宙民族に知り合うようになった。
いわゆる、あまり良い宇宙人とは言われていない、はみ出しもの、宇宙でも根性のひんまがった、屈折した哲学者や、退屈している連中だった。銀河の裏街道から、ようやく僕は、ペガススやシリウスのある意識体と仲良くなった。
彼らは、まったく地球や生物を物として扱う人達（というより存在）だった。
あたかも我々の思考そのものを彼らは自分の肉体のようにしていた。
我々の思考は彼らにとってはまるでテーブルのような物質なのだ。
生物が発生する思考パターンを収集する趣味を彼らはもっていた。
時には、それを発生するために無数の生物を作り出すこともやったし、また無数の星を壊したこともあった。彼らにとって銀河は小さなフラスコに過ぎない。
だが、僕の疑問は収まらない。
そういう彼らの、さらに上位次元はどこまで連鎖しているのか？
宇宙の果ては？あるいは中心は？？？そして、万物の原因と目的は？？
彼らは言った。
『宇宙は、ただ分解と統合を繰り返すのみだ。意味などない。目的もない』

僕は言った。
『ならばなんで在るのさ？？原因はなんなんだ？原因がある筈だ』

彼ら『そんなもん、知ったことかよ。第一、我々の歴史ですら、
この全宇宙は現在130代目なのだ。それ以前のことなどはわからないね』

僕はつめよった。
『しかしだ、なんの根拠もなく生物や物質が存在しているわけもあるまい』

彼ら『それを貫くたったひとつの真理はあるさ。
だが、君はそれで満足するかな？その真理は、理由ではなく、事実だけだ。
つまり、それは、宇宙は『存在しようとする意志故に存在する』ということだ。
その意志を加速するためなら、宇宙は多様性であれ、娯楽性であれ、苦悩、恐怖、
達成欲、なんでも生物にプログラムするさ。存在への意志が宇宙の根拠だ。
だが、その根拠の原因はない。ただそうなのだ。
しかし、ひとつだけ、その存在の意志には相対的な原因がある。
それは、無の領域への恐怖、ないしは、反発力だ。
そのうち、君をその領域に連れて行ってやろう。』

かくして、まず私は、深淵の民族に同調した。
そこは、無限の不毛性の次元だった。いつまでも変化も生命もない。
どんよりとした、空間だった。そこから宇宙を見ると、
まるで、それは無意味なただの発光する・・・ただの円い玉だった。
ただ、途方もない、『実感』として分かったことは、
そこに棲息するほとんど無限の、生物、物質の何もかもが、
一定のプログラムをもっていた。そして、それは実に単純な事だった。
『止まるな。動き続け、そして存在しろ。無にはなるな』というものだった。

やがて、僕は凍結の次元から、さらに絶対暗黒の無の中に放り出された。
それはもう絶句だった。
私は何も考えられなくなったまま、意識が部屋に戻る。
しばらくしてから、私はその無とこの世界を比較する。
宇宙のはるか向こうに無だ。そしてここは有。
だから、どうしたっていうんだよ。僕はなんなのだ。
ここで、何をやっているのだろう？
一体、僕はなんなのだ？
つまり、なんでもないのだ。
僕は、なんの価値もない、砂に過ぎない。いてもいなくてもいいものだ。
そして、僕ばかりか、人類も、宇宙そのものだって、
どうだって、いいものじゃないか？

ただ、小さな玉っころが、無の中に浮かんで、死ぬまいとあがいている。
それもまた、やがて消える。また生まれる、そして消える。
こんなつまらない情景を一体、どこの誰が見て楽しむというのか？
世間は、人生や宇宙や真理に、偉大な理屈を言う。
だが、全部私にはひとつのものに見える。どんな理屈も、真理も、どんな境地も、、
生きようとする意志の奴隷、そして口実、正当化に過ぎない。
かくして、私の哲学は終わった。結論はこうだ。

宇宙の目的
その存続の維持に手段を選ばず、生きようという意志を発生すること。
および、活動停止の回避を永久に続けようとすること。

その宇宙そのものの発生原因
完全に不明。回答不可能。

予想される宇宙の最終形態
無

宇宙の存在意味
ゼロ／無し

アインシュタインは晩年、
『なぜ、神は宇宙を作られたのか』と問い続けたという。
どんな等式を発見しても、
そこにイコールの記号がなぜ存在するのかはわからないからだ。

そして、公式の発見は、応用科学に発展することはあっても、
何ひとつ、我々は満たされず、
その満たされないこと、そのものが、実は宇宙が意志するところの策略だった。
満たされたら、宇宙は消滅してしまうからだ。
したがって、絶対に満たされることのない不満をプログラムせよと。

かくして、決して平均化して満たされないということが、
原子の活動や万物の回転を編み出した。
満たされたら、活動は停止する。
したがって、近付くが、合致できない二つの極を宇宙は永久に分離した。
それが陰陽である。
合致してもまた分離し、これが繰り返される。
中心があるから円周があるが、その二つが合致したら、何もなくなってしまう。
だから、あらゆる二分離が創造の根源である。
そして、それを合体への葛藤状態におきながらも合体しない距離を維持することで、
元素も生物も男女も、惑星と恒星も、なにもかも、分離のままで活動し、回転し、
永久に回り続ける。これが輪廻である。
それは生まれ変わりの事ではない。
やめられない、『終息しない活動自体』を『輪廻』と言うのだ。
しかし、その活動そのものが、なければならない理由は、
この宇宙は答えてはくれない。

かくして、我々は、なんの正当な根拠も、理由も、真理もないまま、
ただ生存し、ただ生き、残念ながら、魂は消えられず、存在を強要されている。
しかも、その生存は、かならずしも、我々生物本人には、快適の連続ではない。
いつも、消滅への恐怖を持ち、怒り、恐怖し、退屈し、迷い、葛藤し、イライラし、
僧侶は何かを求め、世俗は何かを求め、宇宙人も何かを求めている。

本当は、みんな、もう消え去りたいのに、生きていたいふりをしている。

我々の感覚や知性が絶えず楽しみの中にいるようにいくらでも設計できた筈なのに、
僕らはそのようには作られなかった。
そしてこの地球や宇宙という世界というものをあらためて、覚めた目で私は見た。

1000もの理由は無意味になった。
哲学も、科学も、人間存在も、神も消えた。
かれらは、全員、ただ『衝動的に生きている』だけだ。
その人生の理由は、全部、ただの生存の口実だ。

僕は、うんざりした。
何ひとつ、楽しいものはなかった。
「なんだ、意味がないなら、のんびりやろうぜ」となれても良い筈なのに、
そうなれないのがこの地球だった。
みんな、知ったかぶりした意義をわめいて、人生を生きている。
私には自分も含めて、我々の思考活動は、ただの微生物の発光にしか見えなかった。

・・・・・・・・・・・・・・・・・・・・

では、はたして、
これ以外の哲学は可能か？？
禅でもよし、ヴィトゲンシュタインでもハイデッガーでも、なんでもいいが、
哲学あるいは論理、整然とした理屈として、世界の絶対真理を完全に反論不可能で
説明しつくせるものはあるのか？
たとえば、無意味ではなく、全部が正しいという宇宙哲学を持って来たら、
今度は、全部が正しいということは、これまた基準がなくなってしまう。
善悪もなくなるから、全部が善なら、改善も進化もなく、
どう生きたらいいかもなく、勝手に生きろということになり、
迷いも混乱も戦争も殺人も全くこのままで良いことになる。
だから、全面肯定は全面否定と等質なのである。
では、全面否定すると、やはり、宇宙は『ただ在る』になる。
『ただ無い』でもいい。
どっちにしても、『ただ』は理由でもなく、真理ですらない。
さて、、
こんな、よもやま話をしたけど、
もしも、『ただひたすら』という事を禅が言うならば、
ひっきょう禅は、禅そのものを否定しなければならない。
『ただ』が『ただ』を否定しなくてはならない。

悟りには、目的も意義も、根拠も価値もない。
そんなことは、もう、どうでも、いいことなのだ。
世間も、禅寺も、どうでもいいことで、騒いでいるだけなのだ。

宇宙というものが、人間に経験させる淡々とした非情さの幸福、あるいは狂気とは、かくのごときものである。

僕が悟った時、まわりのなにもかもが悟っていた。

ということは、

言い換えれば、僕が、なんでもない者になった日、

まわりも、世界も、宇宙もまた、

『なんでもないもの』になった。

＊＊＊＊＊＊＊＊

ある探究者への手紙

* *

私は、決して複雑なことは言おうとしていない。
ただ、人類が、不必要に複雑にした「もつれ」を説明しようとした結果、
それは複雑に見える言葉になってしまう。
それでも、私は複雑な事は何ひとつ書かなかった。

たまに、私を通じて書かれたものを一瞥して、
難解だとか、分かりにくいという人もいるだろう。だが、
かつて、『廃墟のブッダたち』とその雑話編である本書ほど丁寧な、
本質的な意味での宗教書は存在しなかったはずだ。
なぜならば、
私は常に現実に我々の内面に起きる心理的なエゴや心理的な恐怖やその投影として
の行動パターンを、すべて実例をあげて解説するからだ。それは、他人事ではなく、
すべての者にとって、耳が痛いはずだし、
まったく、それは何から何まで、現実的次元を扱っている。
詩的な表現でもなければ、心霊の世界でも、学問の世界でもない。
まさに、社会や個人の混乱した矛盾をそのままを、私はただ述べる。
それらの私の指摘について、おおよそ考えられる限りの
あらゆる反論を私は全部、先回りして、たたきつぶしてゆく。
というのも、思考がどう反論するかは、あまりにも歴然としているからだ。
だから、私の文書にはたびたび、こういう言い回しが出てくる。
「このように言うと、世間では［・・・・］と言う者がいるが、では・・」という
具合に。
それは私に推測力があるのでもなく、論理的なわけでもなく、
ただ、嫌になるほど、同じ繰り返しを人間が繰り返すのを見てきたから、
彼ら僧侶やサニヤシンや一般人が何を反論するかは、推測の必要すらないのだ。

では、私は、結局、一般的な生活者に、できもしない光明についてしゃべり、
出来ないことを責めているサディストなのだろうか？
ある意味で、導師＝グルとはそういう方便を歴史上で使ってきた。
責めたてて、どこかで、全面的に捨てさせるための方便として。
しかし、現代では、もう簡単に観念を捨てることなどできない。
特に都会では、素朴さは生存競争の中で評価されていないからだ。

さて、罪悪感について、ちょっと観察してみて下さい。
罪悪感がいかに、根深いものであるか。
「罪悪感？そのようなものは私にはない」と言える者は、
実はブッダたち以外には存在しないのだ。
たとえば、僧侶、、それも禅のような一見、無分別な者たち。
ならば、彼らはなぜ、修行しているのか？
何かが間違っている、、正さなければならない。
無心でなければいけない、、
そのように罪悪感をもっているからだ。
世の中には、いろいろな罪悪感があると思うだろうか？
ごく日常にさえも、罪悪感は無数に、
石を投げたら当たるほど、ころがっている。
電車の中で老人が前に立ったが寝たふりをする、
などのつまらぬ社会体裁にはじまり、
セックスしていたが、相手より先にイってしまって「ゴメン」と罪悪感。
おしゃべりしていたら、しらけた話題を出してしまって「黙って」罪悪感。
ひとつの「極論」として、犯罪者は罪悪感はないのかというと、
彼らは他人に対する罪悪感はなくても、自分がそれらの犯罪を執行しなければならないという強迫観念において、罪悪感をもっている。
それは屈折しているが、これは本人の内部でふたつの思考が戦う罪悪感だ。
罪悪感は常に劣等感の産物だ。その劣等感の産物は優越感だ。
したがって、ニューヨークあたりの犯罪者は、ただ新聞に載りたかったなどという
屈折した優越感から犯罪をすることすらあるものだ。

そして、どういうタイプの罪悪感も、発生原因は単純だ。
それは
1. 不快感を相手におよぼしたと思い込んだ場合、
2. または不快感を自分におよぼしたと思い込んだ場合だ。

では、何がその不快感の定義だろう？
それは生物学的な苦痛である場合もあれば、単なる社交の礼儀を無視した程度の無害なものまで、いろいろなケースがあるが、これらについては、ここでくどくど説明するよりも本書でシリウスの知性体が神学論をこきおろしているが、
その後半のまとめを読むとよいだろう。
つまり、不快感の定義は非常に簡単なのだ。まったく複雑さなどない。
それは、基本的には、あなたや他人が『落ち着かない』ことだ。
そして、それ以外の定義は無用。ただ、これだけだ。
・・・・・・・・・・・・・・・・・・・
犯罪者は内面が落ち着かず、犯罪に走り、平凡な者も、年中落ち着かない。
その原因は、基本的には、落ち着いていれば済むものを、
わざわざ落ち着かないようにするようなくだらない社会モラル、娯楽、製品、産業、
そして価値観が氾濫し、また、それに振り回されているためだ。
しかし、なぜ、振り回されるのか？
基本的には、それは外部社会に原因があるのでなく、
つけこまれるあなたたちに原因がある。というのも、根本的に無関心を
実現している者には、どんな脅迫も、どんな刺激も無意味になってしまうからだ。
そして、悟りという意味での完璧な無関心の落ち着きの基盤をなすのが、
死の恐怖の不在だ。
肉体の「苦痛」に対しては、処理するのは私はかまわないと思う。
激痛に至る結果となる虫歯などは治したほうがいい。
だが、過度に肉体を保護するのはまずい。
そして、死ぬことなど恐れる必要はない。
といっても、その恐れが我々を労働にかりたて、宗教にかりたてている。
しかし、本質的には、
最低の生活が出来るための労働ならば、それほど過度に行う必要はないのだ。

そして、無為で静かな時間には、神秘学書籍など読まずに、
充分に、ただ落ち着くことが瞑想の本質だ。
禅寺などにいけば、落ち着けたものじゃない。
あなたたちの座禅やワークやセラピーだって、結局は
「このままでは私の内面生活は、いけない」という、
お客様の罪悪感をカモにして商売をしているのだよ。

では、そういう私はあなたたちに、何をしようとしているのだろう？
まず、落ち着かない原因のひとつに、あなたたちの価値観があるのだと言い続ける。
その中に和尚があり、禅があり、未来があり、世紀末があり、社会があり、
いわば世界そのものが、全部、あなたを落ち着かせないように出来ている。
平凡な、平均的な人格者、社会人に適応しなさい、という最低限のモラルさえも、
私に言わせれば、充分に人を狂人にしてしまう。事実、精神病院にいる人達は、
その最低の社会人になれないで、苦悩しているのだよ。
しかし、その最低限の社会人になることは、それ自体が、ある意味では
『ひとりの教育された無害な気違いになれ』と言っているようなものだ。
事実、その平均的な社会人という人格者どもが多数決でこの社会を作り上げたのだ。

それは合理的ではあるが、何千年もの間、人類の内面の不幸の撲滅に対して、
なんらの処置も施さなかった。
その原因もまた馬鹿げたものだ。
もしも、根本的に不幸の原因を除去することをしたら、、、
つまりこれは私やブッダたちの仕事というか、単に我々の趣味なのだが、、

もしも、それをやったら、
それは社会の利害関係のほとんどすべてを無効にしてしまうからだ。
この社会は、ひっきょう、
死の恐怖を餌にした製品、産業、宗教、セラピーで出来ているのだから彼らは無職
になってしまう。
そして、私の仕事は、まさにそれだ。

人の「不適応への恐怖」を食い物にする精神病院もセラピストも、
禅寺も、その全部を破壊することだ。
なにも爆弾で破壊する必要などない。
破壊するためにはそれらの需要をストップしてしまえばいい。
ちょうど、本当に原子力発電所を作り出すのを止めたいならば、
建設に反対するのではなく、そもそもの『電力需要』をなくせばいいように。
つまりそれは、企業や家庭用の手軽な無公害の発電機を売り出すことだ。
これと似たようなものを私はあなたに売ろうとしている。
あなたたちはバグワンやどこぞかの導師という仏性発電所に依存してしまう。
だから、私はあなたひとりで仏性を発電できるようにしたい。
そうすれば、何かの中央集権的な導師に依存する必要はなく、
彼らは倒産する。私は釈迦や達磨やバグワンも倒産させたいのである。
むろん、私という存在もだ。

だから、私は、あなたたち本人をさっさとブッダにしてしまおうとしている。
ブッダたちと商売できる商人は存在しないし、彼らから何かを盗める泥棒もいない。
なぜならば、彼らは『乞食』だからだ。その最も内面において。

そこで、私はそもそものこの探求者たちに存在する罪悪感を軽減したい。
それは
『変容しなければならない。悟らねばならない。
理解しなければならない。見付けなければならない』
という、これらの罪悪感だ。

普通の社会に適応するのには、上記のようなモットーは必要ないものだ。
だが、あなたたちは、その社会にうまく適応できなかったから、若いころから
精神世界などに足を踏みいれたはずだ。違うかね？誰か反論出来るかね？
たとえば、充分に一般的な生活を楽しんだから次の新しい世界を探して精神世界に
入ったなどと、私のような事を言う者がいたとしても、その私もまた、満足できる
社会的な枠を出てしまった、という意味において、社会不適応者なのである。

通常の満足に飽き足らず、私は貪欲だったのだ。
どういう経過であるにせよ、
常識社会の最低のモラルに適応できなかったか、あるいは常識社会に適応して、
さらに不満だったか、そのどちらかによって、人は精神世界に入る。もしもそうで
なければあなたは常識的な社会人として、今も繁華街でナンパでもしていたはずだ。
あるいは老いて、将棋友達でも作って遊ぶか、おばぁーちゃんになって、
孫と遊んでいるかだ。
しかしそういう枠に適応できなくて、寺やインドへ行ったりしているのだよ。
あげくに、そこでも駄目で、とうとう名もないブッダの一人であるＥＯのような者
と交流を持つようになってしまった。

しかし、私は自分のプロセスを見て、そして導師たちのプロセスを見て、
もはや、伝統的ないかなる手段も形式も効力がないと見た。
そして彼らが作り出した、微妙な余計な言葉、余計な形式、余計な論理を排除する
ための、膨大な『余計な話』をすることを思い付いた。
それが『廃墟のブッダたち』のシリーズと『ひきつりながら読む精神世界』だった。

その中で、私の言うことは、何もかも、余計なことばかりだ。
しかし、それは、何がブッダ誕生のために「余計なのか」という事の説明の山だ。
そして、そこでは私の提示した新しい宇宙論をあなたに覚えて欲しいのではない。
『あなたの中心』以外の、すべての宇宙も他人も、社会も、ＴＡＯや禅すらも、
あなた本人のその意識、無、存在性に比べたら、
全く宇宙の存在物そのものが、本質的ではないと言うことの説明だ。

だから、万物そのものがあなたの本性とは無縁なのだから、いわんや
それが組み合わさった概念、社会、人間性など、なんの本質でもない。

本当は、あなたの『単純な存在状態』、そのままがサマーディである。
そして、そのサマーディは最終段階では、ただの無だ。
そこまで無になったら、そこから存在へと帰還したときに、
丸裸であなたは存在に出会う。

そうしたら、万物全部が、光明そのものだったと知る。
完全に否定され、完全に無になりきるということは、
あなたの魂も投げ出して、空虚になることだ。
その空虚そのものは、事実上、死だ。それは宇宙的なレベルの完全死だ。
しかし、どういうわけか、そこから帰還する者たちがいる。
それが我々だ。
そこから帰還すると、まるで世界そのものを失ったにもかかわらず、
<u>全く逆説的な現象として</u>、世界そのものをまるごと得てしまう。
だが、得るために心理的に死んでみようと言うのでは、
あなたはまだ死んではいない。
こういう「こんたんあるエゴトリック」を巧妙に擦り抜けるために
『死人禅』というようなメソッドがある。
ただ、ひたすら、無へ向かうこと。
理由も目的もなく。成果も確認せずに。楽にすることだ。
そして瞑想から帰って来たら、あなたは無垢だ。
最初はうまくいかなくても、何カ月もすれば、あなたは瞑想するたびに、
<u>何かを成熟したり発達させているのではなく、より、空っぽになる。</u>
ただ、重荷が減るだけなのだ。
その身軽さが、やがて自分の落ち着きのために、当たり前の管理となる。
それは、いつでも、どこでも、誰といても、また独りっきりでも、常に
『<u>全く何も知らず、分からず、見付けようとしない</u>』ことだ。
落ち着いて、ただいること。
だが、本当にそのように『在る』ためには、
最初にあなたは全く『いない』すなわち一度、無意味と無存在、
<u>ただ在るという意識すらも消えた無に消え去ったほうがいい。</u>

『生きるのは後だ。死ぬのが先だ。』
このＴＡＯ明白な、根源的な事実を、一瞥している人達だけが
現在の私と交流を持つことになる。
しかし本質的には、私は歩く一軒の寺だ。
その入り口の門は、とても狭い。

私は日本の大学の方式を採用する。
アメリカのように入るは簡単で卒業が困難というような、
バグワン式のサニヤシンはお断りだ。

私は日本人だし、日本の武術道場や大学の伝統に従って、狭き門にする。

だが、その出口は、世界で一番大きいだろう。

私の文書とは、単なる入試の参考書だ。

私の寺に入るためにあなたが学ばねばならないことは、
たった、ひとつだ。それは、
学んだ事を全部忘れることだ。

無論、私の原稿の内容もである。

<h3 style="text-align:center">1993 10/13　EO</h3>

精神世界書籍の出版の社会問題について語るとこうなってしまう

精神世界書物の出版という問題に関するメモ

1993年12月24日＊＊＊＊＊＊＊＊＊

『出版社というものは、いつでも社会的責任と言う、もっともらしい倫理問題を
持ち出すのだが、私、あるいは『我々』にとって問題なのは、一人のタオイストが
何かのメッセージを放った時に、「彼が社会へ与える影響」が問題なのではない。
そうではない。常に逆だ。むしろ社会が彼に与える影響が配慮されねばならない。

というのも、何人もの道人が殺されたし、迫害されたからだ。
もっと生き延びていれば、多くの法の遺産が残されたはずなのに、
人類は、いつでも臭いものに蓋をするように、彼ら、つまり我々を殺して来た。
だから、問題は、道人が社会に与える影響ではなく、社会が彼に与える影響である。
＊＊＊＊＊＊＊＊＊
さて、非常に基本的な事を覚えておくとよい。
<u>社会は、ひとりの人間のレベルにおける幸福というものを決して許していない</u>
という事実を、しっかりと覚えておきなさい。
社会は、人類が幸福を求めているという嘘のもとに生きているのだ。
その理由は、至って簡単だ。
ある一人の個人というものが、<u>本当に幸福になったとき、</u>
彼には利害関係も心理的脅迫もイデオロギーの洗脳も成立しないために、
いわば、彼は『商売』の成立しない人物になってしまう。
だが、この社会は、情報にせよ、物資にせよ、愛情にせよ、すべて商売、
すなわち、心理的取引で成立している。
その点では、いわゆる精神世界なぞは、不安産業以外の何ものでもない。
だから、人々が本当に幸福を得たらば、それによって膨大な被害を被る場所がある
ことを、死ぬまで覚えておくがいい。
すなわちそれは、社会システム、経済そのものだ。

経済も商売も、なんと人間の不幸なしに成立しないのだ。
だとしたら、幸福は、それ自体が社会的罪悪なのだ。
これはなんという愚かさだろうか。
あらゆる企業は、多かれ少なかれ、幸福あるいは幸福に貢献すると称する商品を
売り物にしているであろう。違うかな？？
だが、企業の本音としては絶対にそれは達成されてはならないのだ。
幸福が達成されたら、企業は倒産するからだ。
そしてこの企業のひとつとして、
精神世界の出版社というものも例外ではないことを留意すべきである。

一般的な文学やＳＦ小説や俳句ならば、いわば、読者にとっては趣味の範疇でしか
なく、それは人生にそれほど影響するものではない。
こういうものは、いわば「人畜無害」だ。
そして出版社は、いつでも趣味的な人畜無害の本を好むものだ。
なぜならば、それは文字どおり無害で読者にとって心地よいからだ。
だが、精神世界というものは、本来いかなる意味でも無害ではありえないのだ。
ある本によって数百の人間が、インドへ向い、国内でも出家し、また家族を捨て、
あるいは一生こびりつく人生の問題意識をたたきこまれたという点で、はたして、
そういう本は無害でありえただろうか？文学やフィクションや俳句が人の一生を
これほど変えることはない。だが、道人の存在や言葉というものは、
あきらかに、その範疇を越えた影響力を持っている。
さて、私が問題にするのは、その『後始末』である。

1970年以後、おもにインドが輩出した何人かの導師たちの講話の本が出た。
そして日本にも瞑想センターが各地に出来た。
だが、何ひとつ全くと言っていいほど、何ひとつ、何ひとつも、たった一人も、
たった一人の人間の内面の幸福に貢献するような事は、
全く何ひとつ起きていないのだ。
むしろ、組織化したアシュラムへの無数の反感を生み、
あるいは形骸化したただの導師への盲信的教団を生み、そして、それらの最初の
ヴィジョンであった『そのものの生産』は何ひとつ起きなかった。

精神病院に送り込まれた者や鎮静剤で薬浸けになった者もかなり存在し、その人生の進路は、大幅に狂ったまま放置された。
出版社は確かにそこまで責任は取る義務はないだろう。
だが、道人たちの本が、この世界数万の中途半端な探求者のうちの国内数千人の生産のきっかけのひとつであった事は事実だ。
そして、私の書物というものは、そのいわば成就されてない霊的な次元の責任を大幅に中和するものとなるだろう。
そして、幸いにも、彼らは決してＥＯ教になるのではない。私の書物によって、彼らは、インドの伝統や日本の伝統やグルという幻想、あるいはきっかけから、『自分』に振り戻される事になるだろう。
そのことは、彼らの本当の探求に限りなく貢献するだろう。
<u>本当の探求は自分に振り戻される以外に道はないからだ。</u>
・・・・・・・・・・
実は、人々というものは、他人や導師から戒律や規制を与えられる事を好むものだ。
自由が欲しいと口ではいいながら、本当は自由というものを人々は恐れている。
むしろ、他人、あるいは神から、規制やマントラや呼吸法や作法や戒律や、命令を加えられたほうが、人類というものは安心できるのだ。
その最大の理由は、
もしも最後にすべてが間違っていた時には、人々はその<u>『他人のせい』に出来る</u>という逃げ道があるからである。そしてさらに、<u>自分では生き方について考えなくてすむ</u>という安易さがある。さらには、人々は独自の内面的な指針を打ち立てるにはあまりに不安で、確信がないために、結局は、自由ではなく、<u>規制や他人の意見やグルに賛同することで自分を精神的に安心できる位置につけようとするものだ。</u>

人類は口では自由が大切だと言う。
だが、ほとんどの人間は、決してそれを望んでいない。
さて、中には、この自由というものを、自分勝手の好みの傾向に従って生きるというふうにしか理解できずに勘違いする者が出て来る。
『自由こそが』と、口では人々は言うものの、いざその自由を駆使しようとした時には、いわゆる反体制だのという人種がやらかすことは常に「しょせん、体制というものを立てた上での、反動にすぎない」ものだ。すなわち、この時点で既にそれは自由からのものではなく、対立要素への依存がそもそも存在するのである。

だから、衆生というものは、もっともらしいモラルや宗教や修行体系ならば、
自分の『本当の自由な魂』を売り飛ばしても、それらに進んで従うものだ。
そして自由を口にする者も、その自由を正確に定義も出来ないのである。
なぜならば、自由という言葉を発した時点で、それは不自由がなんであるかを
知っているという思考、そして歴史そのものに依存しているからだ。
そしてまた、自由という観念そのものが既に社会的な意味を押し付けて教育された
社会教育の結果なのであり、すでにそれは自由ではない。
そしてこれらの悪循環から、本当に全面的に自由に在るための道を語り続けたのが、
クリシュナムルティーであり、バグワンであり、そして私だ。

私達の言う自由とは、服従でも、信仰でも、発達でも、自然保護でも、社会改革で
もない。だが、世間はどうだろう。そして精神世界関連の出版社はどうだろう。
何もかも、そのほとんどの出版物が、ただの好奇心、または文学的な気分の高揚の
ため、あるいは、心理的脅迫や罪悪感をあおるようなもの、
そして最悪の場合はただの暴露記事的な低俗なものばかりだ。
だが、あらゆる種類のワークであれ、セラピーであれ、瞑想であれ、あるいは講話
の本であれ、最終的に『それ』が起きないならば、それは一人の人間により大きな
荷物と心理的拷問を与えるだけのものだ。
そして残念なことに、『精神世間(せいしんせけん)』というカテゴリーの本は、
そのほとんどが『毒にも薬にもならないもの』だらけだ。
まだしも、せめて、人類に毒になるならば、そこには苦悩という道がある。
だが、現在はそれすらもない。
ただの安全な退屈な言葉の羅列、ただのマニュアル、ただの詩、ただのエッセイ、
あるいは、くだらない灰やガラクタを空中から出現させて信者を寄せ集めるごとき
幼稚な芸とその信者たちの本。
そしてただの宗教的ホラと御利益目的の心霊信仰まがいの本ばかりだ。

だが、我々の提示している『道』とは、規制でもなく、
自由というただの観念でもない。それはまったく次元そのものが違う。
それは社会や経済や『人間本位の自然観』とは全く異なるものだ。

だが、そこに本当に数人を脱落させるためには、結局我々は、
人間の勝手につくりあげた思想を『例外なく全面否定』せざるを得ない。
我々が語ることは『中途半端』な事ではないのだ。
我々が語る言葉は、あなたたち人間の生における「究極の問題」なのだ。

そして、こうした全面否定という方便を、本来は誰も批判する事はできないはずだ。
なぜならば、釈迦の本質とは、そうだったからだ。
彼は常に三つのものを否定する。すなわち
『過去でもなく、未来でもなく、現在でもない』というのが原始経典における
彼の本質だ。中道というような、まことしやかな言葉が氾濫しているが、
仏教の原始経典においては、釈迦は『中道でもない』と言い切っているのである。

彼は常に三つを否定する。いや、厳密にはその論法は四つの否定だ。
善でもない、
悪でもない、
その両方であるのでもなく、
その両方でないのでもない・・と。

だから、ロジックというものの次元では決して体験的認識は成立しない。
「人間の本当の本性とはなんですか？」と、どこぞかの出版社の社長が尋ねられて、
『はい、アートマンです』だの『意識です』だの『本来面目です』なんぞと言うこと
の、こんなことの、一体何が答えになっていると言えるのかね？
これではただの国語辞典と同じだ。
一つのものを別の言葉に置き換えることが知恵ではないのだ。
何かモノをよく知っていると『見せ掛ける人間達』が実際にやっている事は、
常に一つのものを別の、あれこれのガラクタの言葉でただ「言い換えた」にすぎない。
それは何ひとつ本質への洞察から生まれたものではなく、ただの定義屋だ。

何かについて明確な説明が出来る人間というものは、実際には何ひとつ本物を知ら
なくても可能だ。百科辞典を暗記すれば、馬鹿でも利口ぶることは出来る。

だから、説明の巧妙さというものに騙されてはならない。
それはただの『言語的変換のトリック』にすぎないからだ。

だが、『我々』の言葉は、言語定義の作業ではない。
それは定義そのものの破壊だ。

さて、こうしたことから、
言語を通じて道を示すことには、常に困難が伴うが、
私は極力、過去のマスターたちが誤解を招いた用語を注意深く練り直したつもりだ。
これらの言葉の方便は、多くの点で、ラジニーシにかかわった人間も、
クリシュナムルティーを読んだ一般読者からも、彼らがグルのキャラクター性や、
その言葉の方便で毒された、その『毒抜き』の役目を果すだろう。

そして、中には、一部の人間たちは、
彼らが最も嫌悪するときに、その嫌悪する相手に言うであろう言葉を
私にも言うに違いない。すなわちそれは
『こんなやつは、くたばっちまえ』である。
それで、彼らが「本当に幸せになれるならば」、私は喜んで死のう。
彼らの「要望どおり」死んでさしあげよう。
それで気が済むなら、私はこの世界から消え去ろう。
だが、そんな事で、彼らが幸福になった試しは、
イエスの磔の日以来、ただの一度もないのだ！

・・・・・・・・・・・・・・・

『私の著作を興味を持って読む者は多いだろう。
というのも、精神世界のほとんど全域に私は水をさしているからだ。
だが、ただの読書ではなく、ただの好奇心ではなく、
ただの趣味の瞑想や座禅ではなく、本当に『それ』に到達する者は、
おそらく、1万人に一人だろう。その原因は、至って簡単だ。
それほどにまで「苦しんでいる者」など、今の日本にはいないからだ。

だから、むしろ、これは翻訳されて、もっと国家が不安定な外国で出版するのが好ましい。苦悩がなかったら、どうして仏性が必要であろうか？
だから、日本では、1万部売れても、そのほとんどは、ただの紙屑になる。
その中で、たった一人でも『これ』に戻れば、私の目的は達成される。
その者が、次の世代の方便を生み出すからだ。』

　　　　　　　　＊＊＊＊＊＊＊＊＊

第 5 章／人類を使った苦痛生産システム

ＥＯイズムにおける宇宙論の概要
すなわち宇宙の「こやし」としての
人類についての話はこうなった

死人禅門下／崩山

ＥＯという青年がこの惑星に残した文書は書籍にして約９冊分ある。
そのどれもがひとつひとつ読者のターゲットを限定していました。
ここで質問者との手紙が原文となったこの膨大な文書から概要のようなものを引き出しておかなければ、多くの読者は、おおまかな道は理解できるものの、場合によっては、訳のわからぬショック療法と精神的なダメージを受けたままになることもあるかもしれません。
そこで彼の書物の中で、とりわけ代表的な５冊について解説すると、読者のターゲットは以下の通りとなります。

1, 廃墟のブッダたち
自殺の問題から開始され、基本的には一般人の人生の根底の疑問から始まる物語。
結局は、深く覚めた目で我々が宗教や、でっちあげの思想からあたえられてきた
情報を処理し哲学を「あたりまえに素朴に」つきすすめてゆくと、
ぬけられない結論、または循環論法に帰着することが証明されている。
さて、問題意識をかかえた読者との質疑応答で構成される章に入ると、
一般社会の矛盾したモラルが徹底的に指摘される。
さらに、ちょっとばかり修行に手を出した者たちに対する手痛い指摘が連発される。
ここで読者は、ほぼ信じていた道を失うか、疑問を再び持つ。
そこで行法とその原理が登場し、終章へと向かう。
だが悟りに関する詳細なデリケートな問題や、社会生活での修行のありかた、あるいは、行法を実習した者のための綿密な説明は、ページの都合で、続／廃墟のブッダたちへと譲られる。

2, 続／廃墟のブッダたち、そして『外伝』

すでに前記の通りの書物。まさに必要不可欠な続編であり、
これなしにはＥＯイズムの完了はない。

3, ひきつりながら読む精神世界

一般に宗教、オカルト、修行、など一度は誰もが好奇心を持つこれらの分野の矛盾
に対して徹底的な論理的横槍を満載した書物。
神秘主義者のほとんどは、たいていは、本書によって宗教組織を脱退し、
また親しんだ神秘学書籍のほとんどを古本屋へ売ることになった。

4, 地球が消える時の座禅

さて、では、禅というものが、本当に人々の幸福の力になり得るのか、という点に
関して多大なる疑問符を投げ掛ける書物。禅の本質は評価するが禅寺や組織、
形式や伝統は一切愚弄するという書。ならば、我々はどうしたらいいのか？
最後の砦としての禅やＴＡＯや仏教までもが、粉砕された時、そこには『あなた』
ひとりしか残らない。かくして探求の出発点である自己に振り戻される。
・・・・・・・・・・・・・・・・・・・・・・・・・・・・・

■さて、ＥＯイズムとは、常に非常に素朴な疑問から出発する。

伝統的な禅が、疑問というものを頭から切り捨てて、結果に一直線に向かわせよう
とする意味で、あまりにもそれは不親切な親切さを持つのに対して、ＥＯイズムは、
あまりにも親切な不親切さを持つ。
宗教であれ、禅であれ、またなんの疑問もなき一般市民であれ、どんな探求者であ
れ、ＥＯイズムにおいての入門は、どうして世俗的な幸せを求めたり、どうして修
行したりしているのか、という遥か以前に、どうして、あなたが「そこにいるのか」
という存在の根底を問い直す。
僧侶は仏教などを自分の言動を説明するために持ち出し、一般市民は幸福論や快楽
主義を持ち出す。だがＥＯイズムが問うのは、そもそもそういう何かを求める根底
にあるのは、そもそものあなたの存在であるという。まず、あなたは存在している。
その上に立って、探求だの、快楽だの、仏教と言うわけであるからだ。探求するた
めには、あるいは苦悩するためですら、まずあなたは存在していなければならない。

まずそこに存在している事が、探求や幸福追求以前の根底ではないか？
そしてＥＯは言う。では、<u>そもそも、その存在とはなんであるか？</u>
いわゆる学者も宗教家も、憶測や希望的観測によって、それを説明しようと図る。
また、「究極の目的が分かったらおもしろくない」だの、「究極の目的の探求こそ
目的だ」と言ったり、あるいは「それは究極であるが故に知り得ない」
という逃げ口実がここ数万年もこの地球でまかり通っていた。
こうした口実がまかり通ってしまう、最大の原因は、その仮説的な結論は人々を
ひっかき回さない中途半端な論理に帰着するからである。
すなわち常に漠然と『なんとなく』何かを信じて、とりあえず、自己の思考を
納得させて生きて死ぬ。つまり、人類は真実を求めているのではなく、
<u>自分を安心させるものなら、嘘でもかまわない</u>、という態度である。
ならば、そうした者は快楽主義に徹すればいいわけだが、快楽主義というものは、
快楽にどんどんと麻痺してゆくが故に最後まで欲求不満を増大し続けるものとなる。

たちの悪いことに、転生というものがシステムとして<u>現実に存在する</u>が故に、
一度の人生で成熟出来なかった欲望は、何千回でもかけて、満たそうとするが、
それは決して満たされないように出来ている。

さて、<u>気持ちの良い嘘の信仰よりも、不愉快な真実を直視したらどうなるか？</u>
それがＥＯイズムの根源である。
そして、彼の四つの文書では何がなされているかと言うと、
科学者、哲学者、宗教家、神秘主義者、そして一般市民、そして禅師が反論するで
あろう、あらゆる反論を先回りして、たたきつぶしていることである。
したがって、読者はまさに頭の中で『でも・・・』と反論しようとした刹那、
次の行で、その出鼻をくじかれて、カウンターパンチを食らう。
読者の異論が、すべて推定されているところに、彼の策略の最大の特徴がある。
すなわち、彼は、袋小路に読者を追い詰めようとする。
＊＊＊
さて、その袋小路の最大の論点は次の問題である。
我々は、生きて死ぬ。あるいはそれを繰り返す。
また宇宙の時間と空間は無限であると言う。

では、我々は、ここで何をしているのか？
そして、そもそも存在している意味はあるのか？
あたり前をもう一度問うのが哲学の本質である。そしてどんな知性体であれ、
最後の質問は、『私は誰で、何もので、何をすればいいのか？』という事である。
そして、自分というものは、単独で存在しているわけではないので、人は、
世界の現象を観察し、自然を見ては、また自分を見て、そして再び問う。
「世界はこれこれこうなっている。だが、その中の私はなんであるのか？」
ここで宗教というものは、世界の根源を創造者という責任者に押し付ける。
だが、もしも我々が神の電話番号を入手でもして、その日に神に電話をして
『どうして世界を作ったのか』を質問でもしたら、彼は恐らく
彼の「前の神に」電話をするだろう。そしてこのたらい回しは永久に続く。
そこで自然法則というものに責任や目的の所在を押し付けようとするのが
科学者だが、そもそも自然法則そのものの発生の動機がつかめないために、
結局は多くの科学者は、知れば知るほど自然の綿密さに敬服して、
どこかで神の存在でも信じ始めてしまう。
そうやって論点をごまかして探求を止める方が、探求をやめないよりも心理的に
楽であるからというのが、大方の動機である。これらの探求は現象の原因追求から
自分の位置を定義し、その定義によって生きようとする方法である。

ところがＥＯイズムが疑問を投げ掛け、ある結論に至った論法は、あまりにも明快
なものだった。我々は、そして宇宙の別の民族も、この宇宙にいるすべての存在が、
自分の発生の目的や、意味や、善悪や、幸福、快楽、それらを求めてやまない。
一般常識では『存在』とは、それらの意義を見付けて実現するための
『手段としての全宇宙』であると暗黙のうちに定義されている。
すなわち神がなんらかの目的を『達成する為の宇宙』や人類であると。
しかしながら、もしも逆だったらどうだろう、というのがＥＯイズムである。
存在というものがその存在の目的の手段ではなく、逆に、目的や意味や存在の謎の
解明を求めること、それこそが、存在そのものの『維持に寄与する』としたら？

すなわち、我々はなんのための自分や宇宙の存在なのか？と問うが、
その疑問そのものによってこそ、何とか存在が維持されているとしたら、

万物とその法則はすべて『存在の維持の活動』のために作られたのであって、
そこには何も<u>高尚なる目的などと言うもの</u>がなければならない理由はただのひとつもない。
もしも、宇宙がなんらかの目的で作られたのならば、宇宙にも、我々にも、そしてあなたの家の台所のゴキブリたちにも、その高尚な目的があってもいいだろう。
だが、<u>存在することそのものが目的であり、</u>
<u>それ以上のいかなる目的もなかったとしたら、どうだろう？</u>
そうなると、我々が生み出す、宗教、形而上学、あるいは世俗的な悩み、苦しみ、貴方の会社の倒産、家族の死、あなたの泣き笑いと、愚かなことをした後悔の念、気まずい雰囲気、そしられてカッとするあなたの感情、愛人とベッドで汗にまみれながらあなたが放つエネルギー。
これらが、すべて、<u>あなたにとって不愉快であろうが、快楽であろうが関係なく、すべてが、宇宙の存在を回転させる電力か、エネルギーか、あるいは神の食物であるとしたら、</u>どうするのだろう。そこにはなんらの善悪もないことになる。
そこでの唯一の善悪とは、存在は善で、死は悪であるということになる。
そうなれば我々の社会は、まさに善そのもの以外のなにものでもない。
幼児が殺され、民族が殺され、その悲鳴と苦痛はエネルギーとなり、
つまらないギャグで笑うあなたの笑いもエネルギーとなり、
あなたの退屈さと孤独もまたエネルギーとなり、つまらぬことで口論すれば、
それもエネルギーとなり、戦争や怒りはいけませんと言いつつ、
全くそれを止められない葛藤もエネルギーとなる。
そしてあなたは毎日毎日、ただ家族や自分が食って生きる事だけをその本当の目的のすべてにしている。そんな中でのあなたの探求や座禅などはあなたの暇潰しにすぎず、それはあなたの知性が退屈しないための、自我の延命手段となる。
すなわち、知性が<u>生き延びるため</u>の探求であって、知性が発達するための探求ではないということだ。
さらには、知性が発達しようとする衝動でさえも、発達しなければ知性が衰退して滅びるという点では結局はこれまたただの延命、存在維持のためという明快な結論に至るのである。
すなわち、<u>絶対の無意味性が宇宙の唯一の真実である。</u>

第5章 / 人類を使った苦痛生産システム

あなたが、これにいかなる人間的感情で、
自分を持ちこたえさせるための意味を付加しても、
その意味がどうしてあなたになければならないのかという質問に対して、あなたは
「そうでなければ、私は生きていることに意味がなく、むなしい」と言うだろう。
すなわち意義とは「生存の燃料」であるにすぎない。
世間では一般に生きがいと言われるものの中に、趣味、家族愛、昇進、貯蓄、快楽、
興奮などが存在する。
だが、一体これらが最終的に結果的に何に貢献しているかを直視すれば、
それはあなたや社会や人類や宇宙の存在活動の維持そのものである。
人類は自分の言動に目的や理由という正当化を行うものである。
だが、宇宙とは、そのあなたの理由のために存在するのではない。
あなたは単に自分が存在するための支えとしての目的を必要としているにすぎない
のである。すなわち、理由や目的とはすべては『存在維持』のためであり、目的や
理由のための存在ではないという明白な基本がある。

さて、そうなると、人類もエイリアンも高尚な作業だと思い込んでいた知性活動も、
そして見事に発達したと思い込んでいた物質活動も、そのすべてが
宇宙という企業の燃料、食糧に最終的に回収されるという事実の前に、
若干の心地悪さを感じる。
多くの者は、知的快楽あるいは感覚的快楽によって、
その事実を忘れることに専念するが、
いとも簡単にこの根本の「存在の事実」と顔を合わせる瞬間から逃げる事が出来ない。
そのあなたが逃げられない瞬間とは、
あなたの孤独の時間、そして無為の時間、すなわち、やることもない、膨大な暇である。
暇はあなたの知性を脅迫する。暇はあなたの肉体を脅迫する。すなわち
『いつまでも、暇のままだと、体も心も馬鹿になって死ぬぞ』と。
そうして、あなたは、気力を出してまた自分を活動にかりたてる。
宇宙はそれを見て、『よしよし、ひっかかった』、と笑う。

あなたがやっていることは、哲学ゲームでもなければ、探求ゲームでもない。
あなたは存在維持ゲームという死活問題のゲームを演じているのだ。

だが、たったひとつの根本疑問は回答不能のままである。
すなわち、そもそも、その存在はなぜあるのか？である。
この回答は、回答不能というのが絶対の回答である。
なぜならば、理由の理由にはきりがないからだ。
したがって論理的にも『絶対的無意味』が万物の正解である。

さて、最大の問題は、人々というものが、この絶対の無意味性の中で、正気のまま
生きてゆけるかどうかである。多くの者は『無意味』と言われても、ボーッと聞き
逃してしまう。
『あなたは無意味な存在だ』と宇宙最大の真実を言われても、ボケーっとパチンコ屋
へでも出掛けるか、酒でも飲むか、テレビでも見るかして、そして翌日、
その無意味な生存のための労働に出ては、ときおり、あなたは言う。
『なんだって、こんなことを上司や得意先に言われてまで、
こんな仕事をやってるんだろう？』。
すると横の中年が言う。『しかたないさ、生きてゆくためだからな』。
あなたは言う。
『でも、なんのための人生なんでしょうか？』
中年は言う。『楽しむためさ。そうでなけりゃ、生きてなんかいられん』

そして、ＥＯが、そして大宇宙が言う『けっこうなこった。頑張って、楽しんで、
働いて、そして精出して生きろ。さぞかし、楽しいだろう。生きろや生きろ。何？
生きる理由だって？楽しむためだと自分で言ったじゃないかね？
・・・なにぃー？？でもあまり楽しくないって？？
だったら死ぬばいいだろう？・・・何？？死ぬのは怖いし、
もうちょっと生きていればなんか、いいことあるかもしれないだって？・・・
なら、ゴタゴタ言わず、生きるも死ぬも勝手にしやがれ！！』

人類への答えは、とうの昔に出ている。
『あなたも宇宙も無意味、無価値なり。
ただし存在をやめてはならない。その為には、手段は選ぶな』という事である。

さて、
もしも『苦』というものがあなたに登場しなければ、
人類はこの宇宙の鉄則と命令どおり
「よし生き抜こう、とにかく、生きよう」ということに奮闘し喜びに満ちて
いただろう。そして実際に、多くの平凡な者は、生きることを最優先する。
「なんのために、生きるか」よりも「ただ生きのびること」を最優先する。
ここに、もしも外部との衝突がなければ、
我々はごく心地よい宇宙に住んでいただろう。
ところが、生きるということは、そもそもそのあなたの胃袋からして活動を維持し
続けなければならない。そして胃袋のない心霊的存在たちも、存在の維持のため
には、なんでもかんでも動くことを必要とする。
そして、結局は食物連鎖というものが発生する。
食物連鎖だけならば我々には苦はなかった。たとえば男性であるあなたは、もしも
精液という食物を女性の性器の中へ与えることで女性が生きるのであれば、あなた
にはなんの苦もない。
ところが、あなたが生きるため、あるいはあなたより上位の存在が生きるためには、
そこには、食われて死ぬというプロセスがなぜか存在し、
また、食わないと死ぬというプロセスがあり、またどういうわけか、
食わなければならない時期を自覚させる為に、空腹という苦痛が発生する。
このように、生はどこの宇宙であれ、必ずそこには、「苦痛システム」が存在する。
なんのためにこんな苦痛のシステムがあるかと言えば、
それがなければあなたは、動かないからだ。
動かねば宇宙は滅びる。たとえば愛というエネルギーを発生することを喜びとする
生命体がいたとしても逆にもしも彼らが愛を発生しなかったら、どうなるだろう？
おそらく彼らは苦痛を感じる。
このように苦痛とは、まさに労働のための鞭である。そして快楽は飴である。
この『鞭と飴方式』を自動的に作動させるのが、あなたの中の『苦痛／快楽』回路
である。
従って、あなたは結局は、正しさよりも、苦痛か快楽かだけを
選択の基準にせざるを得ない存在である。

仮に誰かの為に苦痛な死に方をしたとしても、それによって、あなたの心は快楽を得るのである。すべては、あなたにプログラムされた苦痛からの回避、そして快楽への欲求により、あなたは動き続ける部品として生きる。
さて、そんなことまでして宇宙は、あなたを<u>何から遠ざけようとしているのか？</u>

<u>空腹が空腹のままではいけないのはなぜか？</u>
空腹のままなら、あなたの細胞は、<u>結合力を喪失して分解する。すなわち死だ。</u>
宇宙というものは、生物が死んでも、なおも元素としては永久に存在し続けるように見えるし、そのように思い込んでいる。またその元素も光に帰ったとしてもまだ光は存在しているから、宇宙は不滅だと我々は勝手に思う。
だが元素にせよ光の波動にせよ、それらはまだ生きて動いている。
その根源的な活動を完全停止する力が『全宇宙の外側』には存在する。
それが『絶対無』である。
宇宙の次元の記録にあるかぎり、この宇宙存在という皮膜が破れて、その外側の無が入り込み、宇宙がまるで風船がはじけるように一瞬で消え去ったことは何十回とあるという。おそらくその回数は無限回数だろう。
宇宙は、風船のように存在し、ある時、爆発する。そして、一体どこから沸くのか、また、風船が出来る。ただ、それが繰り返される。
人間には決して実感など出来ないほど気の遠くなるような空間と時間のサイクルの<u>無限小のゴミ同然の一点にあなたは存在する。</u>あなたは『ただいる』。
たいした理由があるわけではない。
別に、いつ自殺しても、誰もあなたを更生させたりしない。
誰もあなたの存在になど構ってなどいない。
あなたは自由である。そして自由であるが故に孤独である。
そして完全にあなたは、拘束もされている。
すなわち、<u>生き続けろという生物学的命令の奴隷として。</u>

ＥＯイズムやＴＡＯとは、この事実を越える論理なのではない。この事実の中で、正気のまま存在し、そして正気のまま、消え去ることが出来る、宇宙最大にして、最低の『楽観』と、『無関心』と『現在という時の中に停止した、かすかな存在』として、静かに余生を生きるということである。

ものごとの事実を説明するのでもなく、事実を越えるのでも、事実を利用するのでもない。いかなる事実に対しても苦悩したり発狂しないほどに平然とした者。
これが大悟者である。
そして、彼らが平然としている最大の対象、それは世界や自分の死そのものである。

もしも、そうした、淡々とした人生において生産性もなく生きて死ぬことを
『つまらない人生』だと言う者たちがいるとしたら（ほとんどがそうなのだが）
その者たちには「おもしろい人生」をエンジョイして、
宇宙にせっせと燃料を提供していただくしかあるまい。
あるいは静かな人生など無価値だと言う者には価値観ゲームに熱中してもらって、
宇宙に苦悩の電力を供給してもらうしかあるまい。

そして「もう死んでやる」と言って自殺する者は、
虚無感という「こやし」の材料となる事だろう。

ルーシュの定義

宇宙を企画管理している何者かが、生物全体に要求した『ルーシュ』というのは、結局は何であるか？というようなやりとりで、以前にある友人が『ロバート・モンローの言うように『淋しさの感情』ではないか』と言っていたのを思い出したが、それについて、もう一度ここで明確にしておこうと思う。

「あいつは、淋しいやつだ」とか言うと通常はこれは軽蔑的な表現の一種だが、では、なぜそういう感情が起きるのかという原因や要素を他人に尋ねると何ひとつ明確な答えがない。しかも、「では『淋しさ』とはなんですか？」と他人に聞くと、これまた定義もできていない。やはり人間は、いつも定義もできていない用語を使って会話をしている気になっているみたいである。
淋しさという波動そのものは、ではどんなものなのかとか何がそれを発生する原因なのかという問題については、かなり明確に著作に書いたのに理解する人はあまりいないので、ここで再度明確にしておきたい。

淋しさの感情の発生は我々生物の自我の発達と比例している。
そして自我発達という今まで知らなかった冒険のおもしろさに釣られて、けっこうたくさんの天体から地球に生まれ変わりを志願した者が、なだれ込んだ時期があったようである。
自我なんていうものは噂でしか知らなかった民族は、かなりいるみたいである。
そこで、自我とはどんな経験だろう？という事で人間の肉体経験を選択するのであるが、ここでまんまと『いいお客さん』としてハマってしまう。

淋しさは自我を前提に発達するとすると、では自我は何によって発達するか？となる。それは意識への圧力の強さである。

1. 極端に知覚が敏感な肉体を持つと、外部と自己の「境界」を意識する。
2. 外側の敵に対して緊張し続けることが発生する。
3. 他人や外界との誤差の認識が発生する。
4. 動くことによる肉体の体感的実感が発生する。
5. これらにより自分が外部とは仕切られたひとつの個体存在であると認識される。

この「手口」が応用されたために、妙に凝った変な機能の動物を作り出し、改良し、一般には進化したと言われている人間や猿に至っては、長生きするという点ではちっとも進化しておらず、とにかく自我を意識させるようにだけ肉体が作られた。
・・・・・・・・・・
感覚の圧迫と、葛藤要素を増やせば、自我がより発達し、自分という自覚意識が生まれ、その結果、あらゆる個体生物は、個体を自己保存しようとする。
個体意識のない生物ほど自己保存意志が希薄であるが、個体性を強く自覚すればするほど、そう簡単に、分解したくないという意志が発生する。
この『抵抗力』こそが企画者が人間に望んだものである。
抵抗値が高いから、相当の圧迫をかけても壊れず、生き延びようとして、
そして、その結果『よく動き回ってくれる』。
動くとは何もスポーツをしたり旅行をするばかりでなく、アストラル界やメンタル界でも常に落ち着かずに動き続け、思考も動き続ける。
そして、とにかく、動かすためには、
その個体にとっての反対勢力＝（すなわち死）から逃げ回ってくれればよい。
さらには例の『親和力の法則』によって、企画者の分身の一部が我々に埋め込まれたために、元体に合体しようとするが、その距離が絶対に満たせないようにする。
求めても得られず、逃げ切ることもできず、結果として精神体は永久に動き続ける。

「自我とかいうのを得られる惑星があるんだってよ」、という宣伝文句にまんまとハマって地球人をやっているわけである。
実際にやってみれば、なんのことはない。
しかも動物に生まれた場合は植物に生まれた場合よりも知覚が敏感で、しかもいつも食うことに追われて動かねばならず、天敵に対しては緊張していなければならないので、楽しむどころか、自分が孤立した個体だという自覚が増加するばかりである。
あげくの果てには『自分は周りの人間とは同じにはなりたくない』などという変なプライドまでもが勝手に発達し、これがまた自我を発達させる。
そして発達した我々の自我は簡単には崩壊したがらないので、
それがまた頑丈な発熱回路としての利用価値が収穫者側にはある。

というわけで、ルーシュというのは、淋しさそのものではなく、淋しさが「原動力」になって、なんらかの葛藤の『動き』を生むことに利用価値がある。

また、その同じ動機によって人間に創造者が自分の一部を注入したのである。
どっちの場合も、とにかく思考が『動いてくれる』という結果は同じである。

ちっぽけな人間ごときの淋しさの感情などという物それ自体が、どこかの誰かにとって貴重な資源になるわけなど絶対にない。
むしろ、生物を絶えず働かせ続けるためのあらゆる策略をＤＬＰシステムと言い、ルーシュとは、『落ち着かずに常に動こうとする意志そのもの』のエネルギーと言える。どう動くのがいいかという是非の問題ではなく衝動的な運動意志そのものだ。
植木などで植物の枝をわざと、あちこち切ることで、よけいに葉が生えるものだが、人間もそれと同じことで、まず、自我を発達させるための外気感知能力を作り、
次に自己保存のプログラムをしておいて、最後にその自己保存作用をうまく利用して、そこに死なせない程度の圧迫や危険を与える。
こうして、つまるところは、ただなんでもいいから、つき動かすというのが
宇宙が生物や我々を改良し続けた目的のすべてである。

もともと我々が電磁気やどんな種類のエネルギーを使う場合も、これが原則である。
常に定位値のゼロ定点という基準があって、そこに戻ろうとする力を利用して、
しかも戻させないという方法。力学的なバランスをわざと壊すという手法だ。

精神や心とか、思考とか記憶、霊性、あるいは発想性、オリジナリティー、価値観、
霊的な別の次元の探索趣味、冒険の刺激、おもしろさ、娯楽性などなど、
ずいぶんと、ごたいそうな名称がつけられたものが地球にも、
そして宇宙中にまで蔓延していますが、なんのことはない。どこの高次元でも、
それらはただ動くための動機と刺激になり得るものであるにすぎない。

ＤＬＰシステム＝ＤＩＶＩＤＥＤ　ＬＩＦＥ　ＰＲＯＶＯＣＡＴＩＯＮ
　　　　　　　　分割された生命体への挑発システム

しかし、「どうして、そんなに奮起してまで動くのか」と聞けば、
『止まると困るから』というのが神とやらの、お決まりの返事である。
何がどう困るのか知りませんけど。

ルーシュとは振動である

ロバート・モンローの著作によれば、ルーシュは次の局面で発生する。

1. 生物が死ぬ時。あるいは死ぬまいとする時。
2. 生物が相手を殺す時。または生物が自分の子供を守ろうとする時。
3. 自己の高次元の分身、または生物学的に異性と合体しようとする時。
4. 自己の意識の元と合体しようとする時。

これらに共通の事とは？

答え＝この局面では『絶対に生物は落ち着いていられないで激しく動く』ということのみである。「心が揺れる」という日本語があるが、文字どおり人間が動揺＝『焦り』を発生する時には「心が振動する」。

さらにルーシュには精製されたものと、不純物の多いものがあるというが、それはいかなる分類になっているのか？

答え＝外部要因がきっかけの「物理的圧迫への抵抗力」や、「生理的に落ち着きのない振動」よりも、より『心理的で』、繊細で、外部からのではなく内部からの漠然とした不安と不満、すなわち『落ち着かない振動』の方がキメが細かいということ。
また脳の発達しない動物に恐怖や葛藤を発生させ続けるには常に外部から圧力条件を加え続けなければならないが、心理的な葛藤の回路を一旦作ってしまえば、ほうっておいても勝手に人間自らが葛藤を引き起こしてくれる。
人間の産業と全く同じことで、自動的にしてしまえば、管理者としては『手間がかからない』というメリットがあるわけだ。

1994 6/10

立場を逆に仮定すれば理解が容易である

たとえば、公園であなたがハトを見ていたとする。
あるいはハチの巣を見ていたとする。
さて、もしもあなたの仕事が、ハトから精神エネルギーを採取するためにハトを葛藤させ恐怖させ、死にたくないともがいて「生きようとする動きであるルーシュ」を収穫することであったら、どうするだろう？

現在あなたは実際には「収穫される側」にいるが、収穫する工夫をする側にいたら何をやるだろうか？上からの仕事としてそれを命令されて、ハトやハチをいかにして、全滅してしまわない程度の『適度な死活問題』に追い込むかがあなたの仕事だとしたら、あなたはどういう方法を使うだろうか？
もっとも原始的な方法はハトを追い回すとか、ハトの首を適度に絞めることである。ハチならば殺虫剤を巣に適度にかければいいだろう。巣は大混乱でルーシュが出る。ところがこうしたことは、いちいちあなたが手を下さねばならない重労働になる。
あなたがハトを追い回すのに疲れたら、またハトはのんびりと枝で昼寝をするし、殺虫剤が切れれば、どこかに買いに行かねばならない。

人間の創造者や管理者、収穫者もまた我々人間や生物を作った初期のころには、自分で実際に苛酷な気候条件を与えたり、天変地異を起こしていたことだろう。
このように単純な生物を相手にして、そこからルーシュを絞り出すためには、絞り出すほうも、圧迫を与える作業を自分でしなければならない。
ここで、多少は楽をする為のアイディアが生まれる。それが『自動化』である。
こっちが圧力や環境条件を調整しなくても、生物が勝手に自分で苦しんでくれれば、ルーシュをどんどんと量産できる。この勝手に自動的に発生させるシステムこそが、『食物連鎖』の発端だった。植物をなぎ倒すにはわざわざ風を起こさねばならない。しかし一旦食物連鎖システムが出来てしまえば、あとは勝手に生物同士でルーシュを自動生産してくれる。そして、さらには『自我』さえ作れば、なんと他の動物に襲われなくてもルーシュを出し、死ななくてもルーシュを出し、守る家族がいなくてもルーシュを出し、まったく外部から手を加えなくても、
勝手に自分で葛藤と苦悩と『それによる動き』を作り出してくれるのである。

かくして、自我を発達させるための感覚の付加と、高次元意識の微量注入、さらには社会的な宗教、経済、道徳などにより心理的葛藤と自我が発達し、ほっておいても、何ひとつも管理者が手を下さなくともその生物＝人間は頼まなくとも勝手に自らで、どんどんルーシュを生産してくれたのである。

・・・・・・・・・・・

ダグラス・アダムスの『銀河ヒッチハイクガイド』（新潮文庫／絶版）という小説の中に、マーヴィンというロボットが登場する。
そのロボットは、慢性的な鬱病のロボットである。マーヴィンは、あらゆる問題を悲観的に考え、苦悩し、生存して機能していることを恨んでいるロボットである。
そして、この小説の中には、実に素晴らしい説明部分がある。
それは、なぜそのロボットがそうなったかの原因について、ロボットがこう言う。

ロボット『私は人工頭脳の新製品で、ＧＰＰ付きの新型なんですよ。』
質問者「なんだいそりゃ？」
ロボット『本物の人間の個性です。気持ち悪いですよ。どこもかしこも、
徹底的に気持ちが悪いんです。』

そのロボットは、退屈し、哲学し、
そして自分の存在そのものを嫌悪し、ものごとに絶望する機能を持っていた。
ある時そのロボットは別のコンピューターに自分を接続し自分の『宇宙観』を
くどくど説明したことがあった。するとデータを受けたコンピューターは自殺した。

・・・・・・・・・・

個性というものを、もしも我々が人工的にコンピューター内部に作り上げるには、個性意識の発生のために「自我を認識する回路」を必要とする。
そして反省回路が必要になる。さらには、苦痛回路とそれを感知する主体が必要になる。その主体の回路が『自我』である。苦痛をいくら与えても、それを感知し、さらに『こんな苦痛や退屈を、この自分だけが受けているんだ』という閉鎖的感覚を生み出すための回路が必要になる。これらを全部搭載した創造者のお気に入りの試作品ロボット、それがあなた、そしてあなたの子供、あなたの親、あなたの恋人、あなたを取り巻くあらゆる者、すなわち人間という産業ロボットである。

第1 作物への後退

海外旅行が出来るようになったからといって、別に満足という意味で、
我々の何かが200年前と変わったわけではない。
同じように宇宙旅行が出来たからといって、解決されるのは資源、食糧、土地問題
であって、結局は馬鹿な事をやる猿がその生存範囲を拡張するだけのことである。

「便利になったから幸福で暮らしやすい」という錯覚と妄想には困ったものだ。
さらには、そういう便利なものを作り出した
人間の脳を称賛する風潮にも実に困ったものだ。
脳、特に記憶と思考がやらかした主なことは、
不便さを補うために秩序によって解決するのではなく、道具を作り出したことだ。
その道具は結局は人間をこの惑星の優性種にしてしまった。
そうなれば人間は少なくとも、日常的に外敵の獣に食われるということはなくなり、
自然のバランスが壊れて人口が増殖する。
昔なら増殖した人間同士の適度な殺戮行為で、なんとかバランスは保たれるが、
近代では、兵器の威力が増し過ぎて、惑星上では、うかつに使えず、
また人道主義という偽善的な政治的規制のせいで、殺す量と生まれる量のバランス
は今や完全に崩れている。
このまま、もしも世界中が平均的先進国と同じ消費生活形態になり、
商業目的で資源を浪費し続ければ、結局、最後はどうなるかといえば、
食うものがなくなる。衣食住の基本的な問題が脅かされる。
それがもとはといえば、戦争の基本的な発端だ。

我々が自分で称賛してきた脳や、人間が他の動物と違うと自負してきた思考力とは、
結局、いかなるものであったのか？
それは単なるトラブルメーカーにすぎない面が多々あるのだ。
何かを作る、加工する、量産する、こういうことは必ず中毒し、エスカレートする。
動物たちは適度なところで欲望が終わる。
しかし人間の欲望は、食事だけに止まらない。
実のところ人間と他の動物の違いとは思考力の違いでもなければ脳のせいでもない。

腹が減って空腹を感じる器官を、腹部以外にあちこちつけられた不幸な生物なのだ。

動物がとうぜん満足していられる状況下にあって、人間は、
すべてをエスカレートさせないと不満になりはじめる。
一体何がそんな事をエスカレートさせているのか？
なければないで済むものを作り続けたのは、
人間の経済機構と増加した人口を食わせるための管理が発端だった。
そして作り出したものに目を奪われると人類は、変な満足感と自負を持つ。
では、作り出した『動機』は自負できるほどのものだろうか？

それは、結局は、死への恐怖、空腹の苦痛、欲求不満、退屈が動機である。
作り出したものではなく、作り出している原因を見れば、
明らかに、それを生み出す過程で我々から放出される葛藤のエネルギーこそが必要
なのであって、生み出されたもので我々が楽をしようが、苦しもうが、そんなこと
は大した問題ではない。
良く出来たもので、、、往々にして、作られた当初は便利で楽をするが結局は
我々は病的なまでに改良をし続けたり、やりすぎて苦しむハメになる。

我々はそもそも生きているその根底に食の苦がある。苦がなければ活動はない。
原子さえも苦がある。空間や物質の歪みというものは神経の発達した有機体が持つ
ような、我々の知っている苦痛感覚ではないが、歪みというものは、明らかに苦を
発生する。物質の場合は単に歪み、元に戻るだけだ。植物も苦痛はあるが、
可動性生物ではないので、じっと生きて、光や水を感知して死ぬのみである。
ところが動物になると、食を求めて『動くこと』を要求される。

この可動性生物の方が、結局は苦痛をよりよく発生するということを洞察してみる
とよい。すなわち植物と動物では一般には、進化系列のなかでは動物が上位に位置
しているが、しかし、植物のまま動かなくてよかったものが動物として動くとなる
と、動かなかった時には必要のなかった、たくさんの構造や管理が必要になる。

そうなれば、自分の肉体の管理がますます面倒になる。

動けば、怪我もするし苦痛も増える。
動くためには神経も発達させねばならない。
外敵の感知能力も上げなければならない。
植物ならじっと吸収していればよかった養分なのに、
動物になったら、いちいち毎日動いて捕獲しなければならない。
結局は、何が増すかと言えば、緊張が増すのだ。

結局のところ、可動性生物になったメリットはなんなのか？
なにもない。葛藤と苦がどんどん増えるわけだ。
進化系列と勝手に人間が呼んだもので、上位に位置する生物は、一言に言えば
それだけ下の生物よりも苦しみ、葛藤する機能性に優れている、ということだ。

人間に言わせれば「自分は動物になんかなりたくない、いわんや植物になどなりたくない」と言う。だが、逆に植物に言わせれば『動物になるなんざ、とんでもない苦労をわざわざ背負うようなもの』になるのだ。

いわゆる宇宙で、いろいろな惑星の生物管理をしてきた管理者、発案者というものが、そもそもなぜ有機体を植物から動物へと改良したのかについて直視すれば、
それは安定して生き延びるための進化とはとても呼べない。
作らなくてよいトラブルをより多く生み出しては、苦痛を感じる生物が目的だったのである。安定した生存をする生物ではなく不安定な生物こそが必要だったのだ。

そういう点では、最初の話に戻るが、
動物になれば、植物よりも何百倍も葛藤要素が増えるのであるから、
いわんや知能のある人間に至っては、自己管理のための混線要素が増えに増えて、
動物の何百倍にもなる。

そしてまた、自我を発達させる点でも可動性生物はその目的に適っている。
皮膚感覚や運動感覚の発達は個の意識を生み出すからだ。

植物には私という意識はない。しかし動物にはある。

さらには群れをなしている動物よりも、核家族的な動物はより自我が発達する。
人間に至っては、完全な『孤立』を感知する。
孤立感＝自我である。
自我とは「独自性を生むものだ」などという美化をなされるべきものではなく、
単に<u>孤立感覚による葛藤をさせるためのシステム</u>である。

人間が、他の生物よりも変化して「発達した」と自負するあらゆる要素は、
ただひとつの目的に向かっていたと理解できるだろう。

1, 生物学的な運動能力の向上。
2, 警戒と緊張のため、あるいは絶え間無い狩猟のための視聴覚や皮膚感覚の発達。
3, 農耕文化による安定のための記憶と思考力の発達。
4, そして最後にそれらは、総合的に作用して自我＝自分だけ存在している
という感覚を、皮膚を通じて、あるいは観念として生み出した。

地球人が軽率にも、一般に「優秀と呼ぶ生物学的発達」の様子は、
角度をかえて見て、『葛藤要素の付加の結果』とみれば、あまりにも明確だろう。

どうやって、より苦しませるか、よりよく肉体も思考も感情も動かし、さらには
眠れば眠ったでアストラル・トリップをやめられない。すなわち
<u>どこの次元においても、たえず虫のように落ちつきなく活動する「部品」</u>が
作れるか、という目的で人間や、いわゆる知的生物と名のつくものは創造され、
改良されたのだった。
これがロバートモンローが『魂の体外旅行』という著作で言うところの、
第1作物から改良型第4作物へと変化した地球の、あるいは地球に類似する惑星の
生物計画の発端であった。

我々を計画的に増殖させた宇宙という機構やその管理者たちが
家畜としての我々人間から収穫として得られるものとは、要約すれば、
それは単なる我々の葛藤の苦痛や、自我による自他分離からくる孤独感ではなく、
また死への恐怖でもない。

それらすべてを弾みとした『意識の活動力』がそのエッセンスである。

そして活動が一定水準以下に落ちると、警告信号としての死の恐怖が発生するように作られた。人工的な恐怖システムを作り、そこを通過できないような処置がなされた。なんと呼吸などは、たったの５分と停止できないのだから。
このように、『とにかく動け、働け、止まるな。落ち着くな。常にもっと奮起してずっと振動していろ』という指令が
宇宙というものが唯一あなたに出した命令である。

そして、ＴＡＯとは、
これに逆行して現在の改良型第４作物から、第１作物へ、
さらには素粒子以下に帰還しようとする道なのである。

すなわち、エネルギー量産というものに「ゲームセット」、または脱会を宣言し、
宇宙にとっては、『役立たず』の生物に逆行するということである。
何も大それたブッダになるわけではない。
世間では、とりあえずは人間のようにしゃべり振る舞っても、

基本的には、、

歩けば犬猫のように歩き、

座れば植木のようになり、

眠れば石のようになる、ということである。

そして死ねば、ただの砂になるわけである。

それがＴＡＯである。

1994 6/10

第6章／荘子・狂想曲

CHANG-TSU RHAPSODY
荘子はギャグ語りき

ある時、バグワンが死んだ。
すると天界の門番が<u>業務上の義務</u>としてやってきた。
『あんたは実に見事に多くの弟子たちを導いたが、あと一人悟り足りない。
もう一回だけ生まれて残っているあの弟子を助けてくれまいか』

和尚は「よっしゃ」と言って生まれた。・・すなわち、地獄行きだった。
・・・・・・・・・
ある時、その弟子が死んだ。さて、天界の門番はこう言った。
『君は、もうあと一歩で悟りを得られたはずだ。いっやー、実におしいものだ。
ほんと、おしいよな。残念だ。あと一度だけ生まれれば悟れるから戻りなさい』

するとその弟子は「今度こそ！」と戻って生まれた。
ちなみにこの弟子はこの「今度こそぉ！」を、かれこれ300回繰り返している。
・・・・・・・・・
あるとき、臨済禅師が死んだ。
門番は言った。『あと一歩で君はブッダすらをも越えて行けたのになぁー』

すると臨済は天界の祭壇を足で思いっきり蹴飛ばして一喝した。
門番はこういう連中にも慣れていたので、こう言った。
『やれやれ、器物破損罪で君は地獄行きだな』

すると臨済は今度はその門番をふんづかまえて殴り飛ばしてこう言った。
「言え言え、この馬鹿やろうが！お前の本性が誰か言ってみろ！」

門番は言った。『やれやれ、、、それほどまでに無心になれる君が、
なぜ<u>無心でなくなる事も出来る</u>という、『余裕のある無心』が出来ないのかね？』

うっかり、一瞬ためらったせいで、臨済はまた地獄へ戻った。
・・・・・・・・・
ある時、一休が死んだ。門番は言った。
『実にすばらしい禅の生きざまであった。ところで君、、、
今あそこは20世紀だ。君もアニメで・・っと、、つまり動く浮世絵の主人公に
なっているよ。それによれば、君は頭の切れる小僧さんとして世間の子供達に
知られている。いくらなんでも君もそれじゃ不服だろうから、汚名挽回のために
もう一度生まれて、今の世代の子供に本物の禅を知らせてくれまいか?』

すると一休は一句、歌った。「世の中は、食うて稼いで、寝て起きて・・・」

すると一休が歌い終わらぬうちに門番が横槍を入れて歌った。
『天国は、悟って無心で、寝て起きて、さてそのあとは、生まれるばかりぞ』

自分の俳句をパロディーでおちょくられた事に、一瞬ムカついたせいで、
彼もまた地獄へと落ちて行った。
・・・・・・・・・
さて、あるときローマ法王が死んだ。門番は言った。
『君には人類を危機から救う偉大な使命がある』
ローマ法王は喜び勇んで戻って行った。
門番は言った。
『・・チョロいもんだ。あの馬鹿、、何千年してもトロいやろうだ』
・・・・・・・・・
あるとき、グルジェフが死んだ。門番は言った。
『君の論理は正しいが、ちょいと一般人には難しい。わかり易く世間に広めなければ
高度な真理でも布教の意味がない。天界の一同からも頼むからもう一度だけ
生まれてくれないかね。』

グルジェフは言った。
「誰が好き好んで、あんなナメクジになどなるかよ。ケッ・・」

門番は言った。
『では、水素をたくさんやろう。どぉーだ？』

グルジェフ曰く、
「がってんだ！」
・・・・・・・・・
ある時、クリシュナムルティーが死んだ。門番は、こう言った。
『君はあとたった一歩でマイトレーヤーの降臨できる器になったのに、
なぜ壇上で躊躇したのだね？』

クリシュナムルティーは言った。
「あんた、そりゃ、ちゃいますよ。あっしは躊躇せずに受け入れたんや。
そしたら口から出てしもうた言葉があれやった。つまり、解散宣言ですわ。
あっしは、ちゃーんと、マイトレーヤーを受け入れたのや。
そやけど、周りの人間たちが受け入れる準備がなかったんや」

すると門番は言った。
『いやいや、君がマイトレーヤーをもっとちゃんと完全に受け入れていれば、
周りの人々もまた変容して行ったはずだ。絶対に責任は君にあるから、もう一度
あそこに生まれなさい。あとたった一度で君の使命は完了するのだ』

クリシュナムルティーは言った。
「私には責任も義務も使命もない。私は私だ。私はマイトレーヤーでもない。
私は私だ。私は何にも依存しない。私は私だ」

門番は言った。
『おぉー！よくぞ、自分であり続けましたね。おめでとうございます。
あなたは天界行きです。さぁー、死に別れたあなたの弟さんがあの扉の向こうで
お待ちです』
クリシュナムルティーは、すたこらと、その扉を軽々と超えて、重々しく転落し、
かわいそうにも、、、騙されてまたここへ生まれた。

その扉は、実は地獄行きの直行便だった。
・・・・・・・・・
ある時、廓庵師遠(かくあんしおん)が死んだ。
門番は言った。
『君の描いた十牛図の通り、悟りは世間で完結するものだ。
しかし、ここはまだ9番目だ。本当の10番目はあそこだ。
だから、もう一度生まれて世間で生きなさい』
さすがは禅師、、彼はこう言った。
「いーや、違う。あそこが9番目だ。今度はここが10番目だ。
そして、今度はここが世間だ。ゴダゴダ言わず中へ通せ」

というわけで、彼は天界の酒場に案内されて飲みに飲み続けたが、
少々飲み過ぎて夢を見た。それはとんでもない夢だった。
それは「自分が生きているという夢」だった。
そんなわけで彼もまた、地獄のどこかで生きている。
・・・・・・・・・
さて、ある時、荘子が死んだ。門番は言った。
『あなたには何も言うことはございません。どうぞお好きにしてください』
だから荘子は好きにした。そういうわけで、今、彼は
アマゾンで蝶になり、人間になった夢を見ている。
・・・・・・・・・
ある時、老子が死んだ。門番は言った。
『あなたの書き記された書物はたいへん貴重なものです。ですが、、、
誤解もされやすいので、なんとか今の世間で理解されるものにもう一度
形を変えて作り直して下さらぬか？』

老子は耳が遠かったので、門番がてっきり、
「どうぞ、こちらの門から天界へお入り下さい」と言っているのだとばかり思い込ん
でいた。いそいそと門をくぐったら、老子は不幸にも、
ラジニーシ・チャンドラ・モハンとしてインドに生まれた。
・・・・・・・・・

ある時、釈迦が死んだ。門番は言った。
『どうぞ、お待ちしておりました。お入りください』

すると釈迦は言った。
「いーえ、最後の一人が入るまで私はここで待ちます」

すると門番は言った。
『おおーっ、なんという慈悲の深さなのでございましょう』
門番は泣いた。
そして陰で舌をペロリと出した。
『あのボケが。いつもこの手にひっかかる。慈悲が深すぎて、アホな野郎だ』
・・・・・・・・・
ある時ダルマが死んだ。
門番は言った。
『あなたはたいへん多くの人々を無心にしました。でも、まだ悟りに至る人々が
もう少し足りません。もう一度だけ生まれてくれませんか?』

ダルマは黙って門番の前に座り込んだ。
しかしながら、天界の公務執行妨害で彼は地上に追放された。
彼が生まれたのは1991年のドイツだった。
かわいそうだが、向かう『壁』はどこにもなかった。
＊＊＊＊＊＊＊＊＊
こんなわけで、天界の門番の応答用語、執行行動は無数に応対マニュアルがある。
地上返却の為の主な応対は、
瞑想経験のない一般人の場合には、次のようなものがある。
『ほーら、ほーら、君の家族に、恋人に、もう一度だけ会いたいだろう?
それに、もう一度生まれれば、救われるんだぞ』
・・あるいは、人生にうんざりした死者にはこう言う。
『なぁーに、生なんか、ただのゲームさ。何をウジウジしてんのさ。元気だせや。
また生まれて、やり残した事をやりたまえ。さぁー、新しい人生だぞ』

また、自分に、かなり執着のある者には
「ほらほら、まだ今なら君のあの懐かしい肉体に戻れるぞ」と言って、
<u>全然別の肉体に</u>ほうり込んでしまう。

一方、いわゆる導師には次の対応用語がある。
『頼むからもう一度だけだ。それで完了。君は晴れてサマーディだ。
もう転生はなくなる。だが、あの弟子を今のままでは駄目だ。
救うのは導師としての義務だ。仏法の頂点は愛だ』
これで俗人はすぐ戻る。実にトロいものだ。

ところが、少々やっかいなのは、
ものの道理も、善悪も説法の義務も、愛も弟子も天国も全く無視する「禅の坊主」
たちだった。いかにして、彼らに分別の心を再発させるかには手間がかかったが、
1000人の仏たちが『どげざ』して祈願する・・・という人工的なホログラム
によって、その半数は騙せたものの、
あとの半分の僧には、そもそも夢というものを見させられなかった。
そんな場合には、「ここは地獄だ」と言ってそういう怖いホログラムを見せたものの、
彼らは、『わぁぉー！極楽だ極楽だ』と言って、そこに住んでしまう。

とうとう困った門番は、天界そのもののデザインを全面的に変えた。

そこには無数の嘘つきの生物と、豊かな自然を作りあげた。
無数の動物、植物、人間を作り、天界にやってくる誰もが、
そこはまぎれもなく「地獄」だと思わせるような惑星を作りあげた。

その惑星の名は『地球』と言う。

・・・・・・・・・
そんなある時、
ひとつの雑草が人間に踏みつぶされて死んだ。

さて、門番は言った。

『君はその生涯を、無心で、無欲で、ただありのままに生きてきた。
ところで君、、今度は猫でもやってみないかね？ん？』

草は黙っていた。

『わかったわかった、では、猿はどうだ？？森は楽しいぞぉー』

草は黙っていた。

『うーん、、わりと欲の深い草のようだな。では、人間はどうだ？』

草は黙っていた。

門番はとうとう、いらだって言った。『てめぇーのようなウスラ馬鹿野郎が、何かに生まれることなど出来るわけなかろう。お前は虚無へでも消えちまえ』

すると、、草は初めて口を聞いた。それは、こうだった。
・・・「へ？？？？」

門番は言った。『へ？、じゃねぇーよバカが。お前は何にも生まれない。そんな価値もない。全く生まれる価値がない』

草は首をかしげて言った。
「エへっ？？？？？」

そういうわけで、この草ただ一人が、天界の門を超えて『彼方』へと至った。

言い忘れたが、あともう一人だけ、『彼方へ』と至った者がいた。
門番の度重なる誘惑にも負けず、彼は断固として、こう言い続けたのだった。

「冗談じゃない！！　磔(はりつけ)は２度とごめんだ。まっぴらだ。クソったれ！！」

CHANG-TSU RHAPSODY

荘子　狂想曲／第2章

宇宙における人間の構造性に関することを論理的に書いても理解出来る素質のある
者はほとんどなく、宇宙どころか、<u>自分の死さえも実感などできない者が大半だ</u>。
『廃墟のブッダたち』を書いたときに、辛辣な部分を1/100に濃度を薄めた、
ということを初期の友人や門下には言って来た。
ＴＡＯというものに関しては現状のＥＯの言葉で、もう表現手段は限界だろう。
だから薄めたというのは意識体の説明部分の成分ではない。
そうではなく、人間や生命をことごとく不愉快にし、
自分なんか生まれて来なければ良かったと痛感させ続ける部分について、
『廃墟のブッダたち』よりもはるかに辛辣な部分が
元来は、その多くを占めていたのだった。
コピー配布として出回った一般向け文書は、論理的な文書にすることによって、
読む者への衝撃や罵倒がソフトになってしまっている。しかし
<u>論理的文章というものは実際にはあまりダメージがない</u>。
たとえば、あなたは「未発達なる脳」、「悪質な容貌について」、などという論文
を読んだりするよりも、直接誰かに『バカだ、ブスだ、無能だ』と言われて頭でも
ぶん殴られたほうが、はるかにダメージがある。
そういうのと同じで、論理的に書けば、<u>変に冷静に読んでしまうために</u>、
あなた本人の存続の無価値について、あるいは宇宙の多様さについて私が
とてつもない事を言っていても、あなたは全く精神世界の週刊誌でも読むように、
ただ楽しんでしまうか、単に共感するのみである。
残念なことに『廃墟のブッダたち』その他にはそういう安全策が取られてしまった。
そうした文書のほんの片鱗は、見性直後に何人かに送ったが、
全員とも、ＥＯを『気違い』と断定した。私もそれは無理はないと思う。
理解されなくて当然のことを書いたからだ。理解されない、というよりも、
人が<u>理解を拒む内容</u>であり、すべての文書は他人事のようには読めず、
直接に読者を罵倒していた。
あまりくどく言いたくないので、あっさり言わせて貰えば、
<u>どうやって、読者を自殺直前まで追い込むか</u>、ということに全力を尽くしていた。

以前にいたバカな門下の忠告のおかげで廃墟のブッダたちには『人類は』『我々は』というような漠然とした変に客観的な主語が使われている。「その方が重みがあるから」などと「そいつ」は言った。そいつは、全く何も分かってやしない。
重みというのは、あなたの頭をぶち砕く重さのことだ。
威厳の「雰囲気」の問題じゃない。
私は常に手紙の相手ただ一人を相手に攻撃してきた。
よそ見を出来ないように本人を直撃してきた。漠然と全体的な人類の問題など論じても、ちっともダメージなんか受けやしないからだ。
それよりも、あなたひとりの頭やツラを殴って、『ウスノロめ、死んでしまえ』と言ったほうが、重みがあるのだ。実質的な効力という点で。
安全圏にいてＥＯを楽しんだり、あるいはＥＯの言ったことを学んだり、実践することは誰にでも可能だ。
しかし、私にサシで心を殺されたいなら、覚悟してもらいたいものだ。
あなたたちの要求にあった導師としては私は断じて『変形』しない。
もともと私が経験したのと、同じ恐怖、同じ苦痛、同じ最低の状態を
経験させようとするだろう。そして、そのカギは伝統的な、上品ぶった禅にもなく、おだやかなＴＡＯにもない。仏教にもない。それはＥＯイズムだけがもっている。
本書『ひきつりながら読む精神世界』では多少の遊び心から攻撃的なキャラクターを出したものの、それでも1/50だ。その元であった50倍のキャラクターというのは、そもそも最初から最後まで、あなたをこんりんざい、
宇宙のどこにも存在できないように、完全死させることに主目的があった。

最近の私の手紙をもらった人たちは、さして私を嫌悪はしないだろう。
しかし、初期の私は、精神世界のほとんど誰からも嫌悪された。
それは一般論でものを言って、当たりをやんわりするようなことはなく、いつも直接に個人を爆撃したからだ。しかし、それでもそうした攻撃の中には、ＴＡＯに話が落着するという説得力があり、そのせいで結局はダメージが少ない。
まったく容赦なく、やる時期と相手が必要だったが、その素質のある者が誰一人いなかった。
誰一人として『被爆地』の私の中心で私に出会った者はいない。

それは残酷すぎるからだ。私と同じものを体験して、
あなたが生きていられるという保証はできないし、狂わないという保証もできない。
しかし、本当に衝撃波にふっとばされたかったら、私の中心近くにいなければならない。それは空間的に私のそばにいるということではないし、服従しろということでもない。私が提示するテーマについて、ごまかして逃げるな、ということだ。
あれこれ、<u>自分がみじめにならないように自我を保護する理由をつけては、
私から逃げた者</u>が、実にたくさんいたからだ。
私の本来の方便には禅もなければ、悟りもない。安心もない。
苦痛と苦悩と、絶望と、長引く自殺願望があるのみである。
死人禅には、なんとなく『救いが見えている』という巨大な汚点がある。
実際には、救いなんか、まったくないところへ覚悟して転落しなければ、
何ひとつ起きることはない。
初期のころのＥＯの口癖は『死んでしまえ』だった。
そして、それだけが、本当の意味での変容の鍵であることは、今になって、
一段と、重要性を増してきた。
・・・・・・・・・・・・・・・・・・
ところで、これを読んでいるあなたは、
本当に次の生、つまり来世はなくなって消滅すると、本気で望んだり、
覚悟したり、実感などしていまい。誰もそんなことを覚悟もしていなければ、
望んでさえもいないのだ。なんとなく、今回の余生を瞑想的に過ごしたら、
来世はどうにでもなれ、という程度のことだろう。
本当に今回で、最後ということを実感などしていない。
そして、実際、本当に変容するまでは事実『お次の』転生が待っている。
それに対して、あなたは、どうみたって、『そんなの嫌だ、こりごりだ』とは
言っていない。「それならそれで、いいや。楽ならいいや。死人禅やっていりゃ、
次には、少しはマシなところに生まれるだろう」などと思っているわけだ。
私とあなたたちの巨大な誤差がここだ。
私は永久にどこにも生まれたくなかった。
そして、そう思わせた、そう嫌悪させた、絶望させた経験背景というものがある。
ところが、あなたには、そんなものカケラもありゃしない。
とりあえず、今回の残る数十年を、悟ったような境地で過ごせればいいだけだ。

私が根本問題として提示している問題を忘れてもらっては困る。
その繰り返し、その転生は永久に続くということだ。
あなたの意志など関係無く、自動的に処分され続け、転生し続け、生まれては、
前を忘れ、苦しんでは、ちょっとは楽しみ、それを永久に繰り返すということだ。
この永久というものすら、あなたは実感できまい。
実感能力の欠如は、苦悩能力の欠如につながるものだ。
私は、実際、その永久、つまり千年、億単位の、継続する生命というものに、
気が遠くなるほど実感し、絶望した。
一体、何にたとえれば、実感能力と思考力のない、あなたに実感できるだろうか。
一番いいのは、実際に高次元生命体たちに、虫けらのように扱われたり、
人間の尊厳など、悟りなども含めて、論外にしている知性体の集合や、
宇宙の機構を直接意識で体験することだが。しかし本当にこれをやった場合は、
人間として、ほとんど復帰不可能に近くなる可能性が高い。なぜならば、
人間の脳や感情には許容量がある。その限度をまったく越えている情報量と
絶対非情の鉄則が宇宙にはあるからだ。
私が宇宙で受けた本当の『洗礼』は
次の転生どころか、明日を生きるのも拒否し、夕食を食うのすら、拒否したくなり、
自分の肉体が、意志に反して今ここで呼吸していることが許せなかったというほど
の絶対的嫌悪と存在拒否だった。
それでも自殺を躊躇したのは、やってもどうなるか分かっていたからだ。
記憶が一部消されてしまう。そうなれば、また次の生では、なんとなく漠然とした
嫌悪を生命に持ち、ある日、また同じ結論になって自殺する。それの繰り返しだ。
それを見て、宇宙は、『毎度ありー』と言って、私の苦悩をペロリと食う。
恐怖、嫌悪、死への切望、輪廻の苦、
こういうものほど宇宙を永続させる良質の燃料になるからだ。
・・・・・・・・・・
どうも、予想どおり、ＥＯの読者というのは、
いろんなオカルトにうんざりしていたところへ、それらを論理的に、あるいは詩的
にギャグを交えて笑い飛ばして、考えさせてくれるＥＯの『味』に共感し、理解し、
実践し、そこまではいいとしても、
根本的に彼が提示した問題、本当の背景を避けているようだ。

なぜならば、その問題をＥＯが言ったからではなく、
<u>あなたが自分の頭で考え、あなたが神なる者に直面し、絶望して、また同じ数億年の生命生活に嫌悪するには、莫大な気力と徹底した思考力が必要になるからだ。</u>
絶望や、見切りをつけた「ふりばかりする読者」が多すぎる。
ＥＯが簡単に、あっさり言葉で言ったからといって、
その本質や、プロセス自体が簡単であるわけではない。

人間生活の悪いところはだね、、
そしてどこの高次元でもそうなのだが、傷をなめ合うようなマネをすることだ。
なぐさめ、というものが全く存在しない冷酷さに出会えないことだ。
地球に限るならば、実のところ、徹底して、地球人を食糧として公然と捕獲し、
切り刻み、料理し食うという生命体が大量にやってきて、弱肉強食の基本を徹底的に経験するのが地球人が正気に戻る条件だろう。
次に、相次ぐ天災、死、そして再生不可能なまでの荒廃。
ようするに、後のないハルマゲドンだ。ハルマゲドン以後の<u>再生</u>などというものが存在せず、また別の星への魂の移転も不可能という、本当の<u>八方ふさがりの中で</u>
自分が一匹の動物にすぎないことを痛切に体験すること。それがひとつの道である。
しかし、その環境ですらも結局人間は、謙虚になったり、悟るわけではない。
それらの苦痛から、かえってまた次の輪廻への切望を生み出すのみである。
そういうことは、数知れず、あちこちの宇宙で繰り返されてきたからだ。
・・・・・・・・・・・・・・・・・・・
さて、これを読んでいたところで、
ちっともあなたは宇宙の広大さも理解できないし、あなたはあなたの町の広さすら
実感など出来ない。いわんや、何億という未来の時間など全く実感できない。
魂の進化やら悟りなどと言っても、気が遠くなるほどの段階の、最下位にあなたも
私も存在する。あと一体宇宙が何度回ったら、進化など出来るというのだ。
また、そんな事したからって、どうだというのだ。
<u>結局は、宇宙のことなど、あなたは考える気などありはしない。</u>
それよりも、明日も平和ならいいや、という程度ですませるだろう。
そのくせ、つまらないトラブルや小さな苦や葛藤があなたを悩ませると、
それは大宇宙よりも大問題になって、あなたの一大事になってしまう。

それらは他人からみたら、いつだってバカみたいなことだ。
宇宙からみたら、バカにすらなっていない。夢の島の中にあなたというゴミが
一つあるかないかという程度のことだ。ここまで言っても、あなたは、今度は、
その自分の小ささすらも実感できない。
『全体の莫大な大きさ、その中のあなたの小ささ、気が遠くなるような無限時間』。
こうしたものの片鱗でも経験したら、それは一人の人間など、あっと言う間に自殺
させる力を持つ。自分など生まれてこなければよかったと痛感させる事が宇宙には
無限ほど満ちている。なぜならば宇宙にはあなたのご機嫌をとる義務はないからだ。
＊＊＊＊＊＊＊＊＊＊＊＊＊＊＊＊
あなたが本気で自分の頭と能力と気力を駆使して、
ＥＯシリーズを単なる参考書として踏台にして、自分の頭で掘り進んで、爆発して
しまわないかぎり、結局あなたは『まぁー、今度の人生も楽にいこう』ということで、
ちっとも楽ではない一生を、別の場所で、また一から繰り返すのみである。
それも、よせばいいのに、あちこちの惑星の生命形態や高次元に転生しては、
根本的には『生きようとして、死にたくないともがく』ことを抜け出せないままで。

いくら、いくら、こう言っても、
あなたは、いま、ふとトイレにいきたくなったら、宇宙も輪廻も苦もＥＯも、
忘れてしまう。あなたには、何ひとつ大問題ではない。
だが、とてもじゃないが許容できない耐え難い苦に出会うことが変容の鍵だ。許容
出来ない莫大な圧力、殺されるという恐怖、永久に終わらない苦という嫌悪であれ、
なんにせよ、許容量を超えたものがあなたを襲う瞬間にしか変容というものはない。
あー楽だ。あー楽しい。というこれでは、多少死人禅が、落ち着きという贈り物を
あなたに届けるかもしれないが、絶対の完全死という歓喜に至ることはない。
・・・・・・・・・・
自分では、宇宙などには興味もないくせに、
「どうやったら、そういう残酷な宇宙を経験できますか」と軽はずみに質問した
くだらない人間が今年の始めにいた。『お前さんの頭じゃ無理だ』と言ったら、
あきらめていた。これが問題なのだ。そこで「なんとしてでも経験したい」と
言えば、私にもなんとか出来る。しかし、馬鹿と言われて「まーいいか」になる
ような程度の探求心に私が本気になるわけもなかろう。
以来、私の前に現れるなと言ってその者を絶縁した。

『廃墟のブッダたち』『地球が消える時の座禅』そして『外伝』も、
今、その最終原稿を、あらためて著者として読み返すと、
それらはあまりにも、優しすぎる。
もしも以前の私がこれを読んだら絶対に大悟出来なかったことだろう。
その説明に誰もが安易に納得してしまうからだ。
考えもせず了解してしまうからだ。
そして、行法なんていう救いの道がある。
しかも、禅やＴＡＯなどという、くだらない錆だらけの古株の応援団がいる。
しかし、私が大悟した決定的な原因は、何者も、私を助けもせずアドバイスもせず、
何の説明もなく、行法もなく、信頼できるものなど、この世界にも、あの世界にも、
全くどこの次元世界にも何ひとつなかったためだった。

『廃墟のブッダたち』と本書は精神世界に疑問符を投げかけるかもしれないが、
それによって、実際に一人でも<u>飛躍するかとなると</u>、はなはだ疑問だ。
本来、私は『あなたを苦しめるため』に書こうとした。
なぜならば、苦というものが悟りへの最大の贈り物だからだ。
しかし残念なことに、あの本ではあまりにも救いがありすぎる。
ＥＯという私に興味を持ったり真剣に実践するよりも、
本当は、もっともっと大切なワークがあるのだ。
それは、あなた自身の頭脳で洞察し、極限まで考え、そして、
万物を徹底的に嫌いになるまで不幸になることだ。
そうでなければ、あなたの手が握っている『執着』というものが
すべり落ちることは永久にない。
いくら自分では捨てたつもりでも、それはあなたの手にくっついている。
執着している「もの」を捨てても、あなたは別のものを拾うことだろう。
あなたが捨てなければならないのは、
<u>握っている手そのものだ</u>。

ダルマの面前で、自分の腕を切り落とした弟子のように。

CHANG-TSU RHAPSODY

荘子　狂想曲／終章

ようするに、、、こういう事なんですよ。

ＴＡＯや禅が引算である以上、あなたが粉砕されてしまうことにのみ
光明への変容の鍵がある。
瞑想というものも、本来それは知覚力を付け足すわけではない。

死人禅というのは、ちょうど、最近のではなく、ちょっと昔の歯医者さんが、
クロロホルムで神経を少しずつ殺しながら、最後に歯を抜いたり、削ったりするの
によく似ている。死人禅行法はあなたたちのエゴの神経を少しずつ麻痺させてゆく。

ところが当の私の場合は、麻酔もなく、いきなり歯を抜かれたようなものだ。
・・・・・・・・・
常に変容の鍵はあなたのエゴを抜いてしまうことにある。
それは常に、徹底的にあなたの心が粉砕されるような局面でのみ起きる。

日本の場合、あるいは近代では、大問題がひとつある。
それは、絶対的な信頼をグルに対して持つ、ということが不可能なことだ。
グルというのは、蔓延している。これは、と思っても、何年かすればあなたは別の
グルに目移りをしていることだろう。あなたには選ぶ権利がある。
自由意志があることそれ自体はいいことだ。
しかし、昔の修行者にとっては、グルは絶対的存在だった。
そして、この絶対的というのが要点だった。
その際、導師が本当に大悟しているかどうかは極端な場合には、論外になる。
が、多くの場合、導師が大悟していなければ、変容は困難だろう。

それはともかく、絶対的な信頼を置いていたグルに、
完全に粉砕されるというプロセスが悟りには必要だった。

グルの仕事は弟子のエゴの粉砕のみである。
最後までグルから逃げない意志があれば、なんとかなる。
しかし、現代では、もうそれは時代遅れだ。
絶対的な信頼をよせていたものが、期待を徹底的に裏切ったり、見捨てる、
こういうものが本当はワークなのである。
こういう裏切りや打撃は、別に愛人同士でも起きるが、それは常に取り替えがきく。
そして最近では、グルの取り替えもきく。
概念や思想は取り替えが効く。あなたの都合で選べる。
そういう意味では、もう現代では最後の局面まで導師を絶対視することは不可能だ。
絶対視というのは、もともとエゴだ。何かが欲しくてグルに群がるのだから、
それはまぎれもないエゴだ。しかし、それが強ければ強いほど、突き放された時に
頼るあてがなくなり、呆然とそこであなたが捨てる何かがある。

そこで、私はＥＯというキャラクターを方便として使うのをやめた。
36才の私がどういうツラをして、衣装をまとったところで、
元来の冗談好きのせいで、あなたは親しみこそ持てても、絶対視は出来ない。
何度でも言うが、何かを絶対視することそのものは、あなたの妄想そのものだ。
しかし、それ故に、それが壊れた時に妄想もろとも、あなたが受ける衝撃がある。

だから、私は特定の人間との信頼関係で探求者が飛躍するのではなく、
一人で自爆できる方便を使いたかった。
そして、私の宇宙論とはその為にある。
論理性そのものは、導師のものではない。それは論理であり、事実だ。
グルではなく、事実を相手にするということだ。

私を徹底的に粉砕したのは、特定の宇宙民族であったわけではなく、
その全体の機構に対する、自分の洞察の結論そのものだった。
誰が壊したのでもない。まさに、自爆だ。
そして、この無人格のグル＝事実と論理こそが必要だと思った。
あなたが、悲惨さを味わうプロセスでも、事実を相手にすれば、あなたは誰のせい
にも出来ない。宇宙のせいにして、空でも恨むしかない。

あなたの葛藤が『行き場がない』という圧縮があってこそ、あなたに爆発が起きる。

そういう意味では、ＥＯというのは、中途半端な人間だ。
完全にあなたのエゴを請け負うのも困難だし、そんな弟子もいない。
多少あなたを引き付ける要素はあったとしても、
この時代には他にもいくらも楽な道がある。
これだけしかない、という集中力が、そもそもあなたにはない。
そして、破滅してしまうという恐怖があれば、あなたはすぐに逃げられる。

だが、私の関心は、どうやったら逃げ場がなくなるか、ということだった。
まずＥＯを中途半端な逃げ場にしたくなかった。
逃げ場だと勘違いしそうな者には、いつもそうではないことを痛感させる事を言い続けた。最後の最後まで私に連れ添うならともかく、そんな信頼があなたにあるわけがない。そして、それはあなたのせいではない。
選択枝の多い現代の教育システムでは、もう過去のような集中的依存は無理なのだ。

そうなれば、今後必要なのは、特定のグルではなく、
不可抗力的な自然の力や絶対的な法則性のみである。
いわば、あなたはＥＯではなく、あなた自身で絶対者の神を想定して、
それと一戦、議論を交えなければならない。中途半端な心霊的存在じゃだめだ。
そうではなく、相手は完全な絶対者でなければならない。
その神に反論して食いつくための参考書が、ＥＯの本の特に宇宙論だ。
地球に存在するチャネラーや宗教家や禅師の誰一人として、あの論理には勝てない。

したがって私を導師や信頼のおける人間や、あるいは親しみのある青年として認識するのではなく、私を『論理コンピューター』として利用すべきである。
私は人間であることにあまり親しみがない。
むしろ、私は機械でありたい。
論理の対戦相手という点で、私という機械を利用すればいい。
私の目的はただひとつ、あなたを復帰できないように敗北させることだ。
そして、あなたの目的は、私の論理を敗北させようとすることだ。

どんな質問というものをしたところで、
そもそも質問をする気が完全にうせてしまうという状態が私に起きたことだった。
それ以上の質問が、まったく無意味になってしまった。

ところがね、
うちに質問を遣す人間の多くは、あなたの質問に私が答えれば、
それで何かが進展できると思い込んでいる。

私は、宇宙に対してどんな質問をしても、その回答のどれもが、
徹底的に不愉快なものであり、宇宙的な事実ばかりだった。

質問しているあなたの、そもそも、あなたのそんな存在そのものが、
無価値なものとして粉砕されなければ、断じて静寂などというものは起き得ない。
どこかで、「自分は、なんとかなる」、「少しは生きている価値がある」と
ほんの僅かにでも思考すれば、その心の騒音のせいで、
あなたには静寂も光明も100％不可能だ。

非常に、地球で悟ることが困難な理由は、前記したようにグルと弟子の関係がもう
古いということに加えて、
徹底的な打撃というものに出会えるチャンスがないことだ。
釈迦の場合であっても、彼は自滅のチャンスを自分で作り出した。
それは彼の探求心が飛び抜けていたためだ。
誰も彼に苦行などやれとは言っていない。それは彼が自分で選んだのだ。

真剣さというものは、真剣さが成熟して悟りに至るわけではない。
真剣なほど、最後に壊れる爆発力が内在するということだ。
常に、問題はあなただ。
だから、導師の性質や能力や環境のせいにしてはならない。
どこの導師のところに行こうが、そしてまた自分一人でやるのであろうが、
結局は、探求心が真剣でなければ、どうにもならない。

本当は、誰一人としてグルなど必要ない。
あなた一人で充分だ。
ただ、相手にするなら、私ではなく、本に書かれた私の『論理』を相手にしなさい。

また、神や絶対真理というものを仮想敵国のように想定して、
それを相手にして自分の頭の中で、自問自答の議論をしなさい。

あなたはただ『論理』を相手にすればいい。
そして最後に問題になるのは、行法のアフターケアだけだ。
だから最近は、私は行法の質問しか受けないと釘をさした。

しかし、行法の質問をしてくるあなたたちには、それぞれの背景がある。
どうして瞑想が進まないのか、という理由を私が洞察すれば、
多くの場合は、あなたの肉体のせいでもなく、やれ体質がどうのこうのではなく、

結局はあなたには『本気の探求心がない』というだけのことだ。
そして自分で苦しむほどの頭脳や感性に乏しいということである。

私が参禅者の分類をした文書があるので（これは『外伝』に編集した）、
それによってあなたは自分で、自分の位置を確認し、
そして責めるなら自分で自分を責めればよい。

誰もあなたを助けたりしない。

そうだからこそ、もしもそれが起きる時には

「誰でもないものの顕在化」として起きるのだ。

1994 6/14 EO

復刊 無明庵 EO シリーズ

A5 版 / ソフトカバー / 本体価格 2500 円
2019 年 5 月より随時刊行予定

1. 廃墟のブッダたち 銀河の果ての原始経典　※既刊

本書はかつて誰も語らなかった地球人類の歴史、宇宙史全体の内幕を解説する。
ただし、これは SF ではない。
全宇宙を管理する統率システムがファシズムのごときものであり、全生命体は宇宙の単なる実験生物、家畜、穀物であるというこの事実の中で、我々がどう生きて死ねるのかを真剣に問う。カルトが蒼ざめた EO の初期法話集。

2. 続 / 廃墟のブッダたち 輪廻なき絶対無への帰還

我々のあらゆる希望が死滅する時、その時にのみ人類は『正気』に戻る事が可能になる。
「人は夢と希望によって生きるのだ」などというチンプな人生論を徹底的に叩きつぶしながら展開する、前代未聞の『死の美学』と『無力の哲学』。前著の補足として編集された貴重な質疑応答集。

3. 地球が消える時の座禅 真夜中の禅寺

真の大悟者とは人類のエリート的頂点にいるような覚醒者のことではなく、良寛や寒山のごとく、無知と大愚を深く愛する者のことである。
人間が人間であることなどを、すっからかんに忘れ去ってこそ、本当の原始仏教、TAO イズムと禅の法脈は、再びその「神秘の息」を吹き返すのである。

4. ひきつりながら読む精神世界
　　　間抜けな宇宙の支配者たち

白熱する人類と神との壮絶な問答。白熱する猿と賢者「荘子」との問答。
心霊、オカルト、宗教、セラピー、瞑想、チャネリング、UFO問題の
何もかもを網羅したと自負する者が、本書によって受けたショックと刺激は計り知れない。人々が漠然と教え込まれた宗教の主張する神の矛盾、精神世界の矛盾、そして宇宙全体の存在理由について深く考えさせてくれる貴重なエッセイである。

5. 廃墟のブッダたち / 外伝 狂気の法脈

『廃墟のブッダたち / 続 --- 廃墟のブッダたち』、『地球が消える時の座禅』『ひきつりながら読む精神世界』には編集されなかった、いわばEOの「場外乱闘問答集」。
前半で繰り広げられるおなじみの毒舌と精神世間への批判もさることながら、後半の禅の説法における『悟後の修行』としての愛の定義には多くの禅師と瞑想者たちが感嘆の息を漏らしたと伝えられている。また本書は行法についてとりわけ詳しく解説されている。

6. 小さなブッダの大きなお世話
　　　続廃墟のブッダたち / 外伝

ただ一人の弟子だけに向かってEOが語り続ける、きらめくような法話と雑談集。一人の弟子だけに語ることでのみ生まれる、その凝縮した法の言葉の「結晶」。幸福感や嫌悪感、そして殺意、罪悪感、盲信、偽善などを始めとする人間の性（さが）にEOの洞察が深く切り込むとともに真の悟り、解脱とは何かを明らかにする名作である。EOの青年時代の回想なども、ここで初めて語られる。「死人伝」の一部を再編集。

7. 反逆の宇宙 非存在への旅

希望が砕かれた時、そこに無心がある。
仏教徒たちを「宗教オタク」とそしり、輪廻する魂の無駄と進化の絶望を説き、探求の旅の本質を克明に解説する哲学書。
上座仏教、和尚のサニヤシン、その他の宗教徒たちへのEOの生前のメッセージが激しい口調と独特の深淵な洞察によって語られて行く。また世間で横行しているような幻想と欺瞞の「ポジティブ思考」を拒否して、知性的に物事を解析してゆく広大な宇宙論。
なお本書には、EO師が大悟する直前までメモをしていた宇宙に関する「苦悩時期」の貴重な記録が掲載されている。

8. 虚無の微笑 悟った人たちへの伝言

無明庵に門外不出の書として保管されていた、EOの悟った人にあてた珠玉のメッセージ。後半は死人禅実習者による、精神的な格闘と悟りにいたった記録が収録されている。

9. 闇のタオイズム

EOの既刊書8作品から、EOの言葉のみを内容別に厳選したオムニバス・ブック。他、未発表の原稿も約60頁追加され、本格的な行法の実習にはきわめて便利な一冊である。従来のTAOイズムや禅の概念をぶち破るもうひとつの『闇』の悟りの世界。

10. ゾンビ化する人々

「ゾンビ化する人々」、それはあなたのまわりにも沢山います……
本書は、「ゾンビ族」をふくめ、人類を4種類に分け、世間にいるその「ゾンビ」の識別法のマニュアルであると同時に「ゾンビ対策マニュアル」にもなっている。無明庵ホームページ「竹の間」に投稿された文章を再編集した、EOによるいまだかつてないタイプ論である。

11. 悟りなき悟り

私たちの日常の「現実に対する違和感」といったものから、「悟りに至る接点」を探る本。普通の本では決して語られることのない悟りの複雑な本質や、導師の周囲にいる者が注意すべき点、そして、かつてないシンプルさで「悟りの段階」を「再定義」し直している。個人で瞑想や座禅をしている人は、「必見の書」。

12. 分割自我復元理論　※既刊

地球史上のある時期を境にして、人間の「自我」というものが分割・希釈されたという理論を元に作られた「自我の復元法」を公開。
精神世界史上、前代未聞の「理論と方法」である。方法と概要も収録。

13. バナナを創った宇宙人 単位分割禁止法

もしも異星人に出会ったらば、たったひとつの頼み事をしようと思っている事がある。それは、「バナナを創った宇宙人に、ぜひ会いたい」。
この地球という惑星に存在する、食物の中でバナナほど見事な作品はない…。
本書では「分割自我復元」、「死後探索」など前著からのテーマを引き継ぎつつ、著者による過去との記憶の断片を、独り事のように綴られた貴重な論考集となっている。

14. 廃佛録

EOの遺品から見つかったオリジナル原稿「廃墟のブッダたち」を収録。同名タイトルの単行本とは異なる内容、編集のため、EOの新たな一面が垣間見えるだろう。大悟前の狂気のはらんだ文章から、茶目っ気のある雑話など、若かりしEOのエッセンスが凝縮されている。初単行本化。

著者略歴

無名庵　回小（むみょうあん　エオ）

1958年 東京にて製造完了。
14才の時に悟りの一瞥を体験して以来、23才まで各種神秘学、TAOなどに親しむが、特定の宗教や、団体には一切所属せず。

24才より33才まで探求の主軸が超心理学、魔術、幾何学、UFO問題に傾倒する。そして30才のころより偶発的に独自のチャネリングを開始し、銀河系の裏ネタ的情報を得る。
33才、それらへの統括的結論と思索の結果、全生命と存在に絶望する。

1992年2月17日、偶発的に大悟見性。
以後約1年間、瞑想センターのセラピストや瞑想者たちへの一方的文書の郵送が開始される。ほとんどの者たちが黙殺する中、3名の門下が誕生する。
1993年8月より指導と方便が突然に禅に傾倒し禅寺本山、地方禅道場の僧侶、師家への文書郵送が続く。その中より弟子が誕生。

伝統や形式にしがみつく禅そして導師を盲信的に信奉する瞑想センターとの絶え間無い摩擦や反感の中を流れつつ、ひそかに彼の文書は多くの瞑想者や寺の座禅者たちに個人的な手紙や機関誌の形で大切に保管され、仏法、禅、瞑想修行、TAOの裏街道ではカリスマ的存在として認識されている。

1995年、まんだらけ出版より「廃墟のブッダたち」シリーズ5作が発売される。以後「反逆の宇宙」「小さなブッダの大きなお世話」「虚無宇宙からの伝言」が自主出版される。

2017年2月入滅。

※編集部より
生前はEO師の意図で鈴木崩残と名乗っておりましたが、EOと鈴木崩残は同一人物です。
EO師の死後、許可を得ましたため、本シリーズは、著者名をEOと統一しております。

ひきつりながら読む精神世界

1995 年 7 月 25 日　初版第一刷発行
2019 年 6 月 30 日　改訂版第一刷発行

著　者 : EO
発行者 : 古川益三
発行所 : まんだらけ出版部
　　　〒 164-0001
　　　東京都中野区中野 5-52-15
　　　TEL 03-3228-0007(代表)
印刷所 : 大日本印刷株式会社

©Mandarake
2019 Printed in Japan

ISBN978-4-86072-165-7 C0011